DE

LA SYPHILIS

ET DE LA

PHTHISIE LARYNGÉES

AU POINT DE VUE DU DIAGNOSTIC

PAR

E. J.-MOURE,

Docteur en médecine de la Faculté de Paris,
Membre de l'Association scientifique de France,
Membre de la Société française pour l'avancement des sciences,
Aide de la Clinique laryngoscopique du D^r Ch. Fauvel.

AVEC DES FIGURES EN NOIR DANS LE TEXTE

ET DEUX PLANCHES EN CHROMO-LITHOGRAPHIE

PARIS

V. ADRIEN DELAHAYE et Cie LIBRAIRES-ÉDITEURS

PLACE DE L'ÉCOLE-DE-MÉDECINE

—

1879

DE

LA SYPHILIS

ET DE LA

PHTHISIE LARYNGÉES

AU POINT DE VUE DU DIAGNOSTIC

PAR

E. J.-MOURE,

Docteur en médecine de la Faculté de Paris,
Membre de l'Association scientifique de France,
Membre de la Société française pour l'avancement des sciences,
Aide de la Clinique laryngoscopique du Dr Ch. Fauvel

AVEC DES FIGURES EN NOIR DANS LE TEXTE
ET DEUX PLANCHES EN CHROMO-LITHOGRAPHIE

PARIS

V. ADRIEN DELAHAYE et Cie LIBRAIRES-ÉDITEURS

PLACE DE L'ÉCOLE-DE-MÉDECINE

—

1879

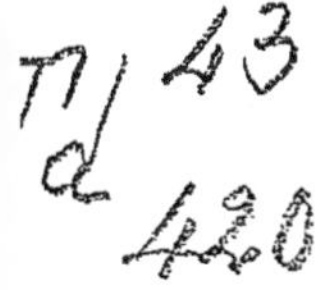

A TOUS MES PARENTS ET AMIS.

INTRODUCTION.

La laryngoscopie est encore de date trop récente pour
que le dernier mot soit dit sur les affections laryngées.
En effet, si dès l'année 1743, l'accoucheur français Le-
vret (1) et après lui, Bozini (2), Babington, Bennati (3),
Seligue, Trousseau et Belloc (4) avaient entrevu la possibilité d'examiner l'arrière-gorge et le larynx à l'aide d'un
spéculum particulier, si Liston (5) en 1840, Avery en 1844
et Garcia en 1855 étaient parvenus à voir l'épiglotte et les
cordes à l'aide du miroir laryngien, ce n'est guère que
depuis les expériences de Turck et de Czermak en 1858
que l'usage du laryngoscope a commencé à se répandre et
que, faisant sur le vivant même l'anatomie pathologique du
larynx, on a pu classer d'une façon méthodique les altérations dont il est le siége.

Depuis cette époque, les recherches se sont multipliées et
grâce aux travaux de plusieurs de nos maîtres, les laryngopathies sont devenues classiques. Cependant, il faut le
dire, de toute la pathologie laryngée, les affections qui
ont plus vivement passionné les auteurs et donné lieu aux
plus nombreuses discussions, sont certainement la
tuberculose et la syphilis. Etudiées sous leurs formes diverses, elles ont été décrites l'une et l'autre par des plumes
autorisées par une longue expérience. Un seul point nous

(1) Mercure de France, 1743 (p. 2434).
(2) Le Conducteur de la lumière, 1807.
(3) Recherche sur le mécanisme de la voix humaine, 1832.
(4) Mémoire Trousseau et Belloc, sur la phthisie laryngée.
(5) Chirurgie pratique, 1840.

a cependant paru moins fouillé que les autres, c'est leur diagnostic différentiel. En effet, les auteurs se sont peu occupés de comparer entre elles et de distinguer ces deux complications laryngées ; à peine y consacrent-ils quelques lignes dans leurs ouvrages, n'ayant sans doute devant les yeux que les cas où l'erreur est impossible ; il en existe pourtant où, malgré un examen bien attentif et un interrogatoire minutieux, l'on ne peut resoudre le problème. Aussi, [frappé de la difficulté que pouvait présenter quelquefois le diagnostic de ces deux maladies, ayant eu du reste l'occasion d'observer plusieurs malades atteints de l'une ou même des deux affections, nous nous sommes proposé de les mettre en parallèle pour en montrer les points de ressemblance et les caractères qui permettent souvent de les distinguer l'une de l'autre.

Peut-être n'apporterons nous pas à la science beaucoup de faits nouveaux, mais nous nous estimerons trop heureux si nous sommes parvenu à faire ressortir quelques traits peu ou point signalés et qui pourront servir de points de départ à des recherches ultérieures.

La plupart des observations relatées dans ce travail sont personnelles ; nous en devons pourtant quelques-unes à nos amis le docteur Coupard, chef de clinique du docteur Fauvel, et Lalesque, interne des hôpitaux, que nous remercions sincèrement de leur obligeance. Quelques autres ont été recueillies dans des thèses ou ouvrages déjà publiés que nous signalerons en les citant. De plus nous avons cru qu'il serait intéressant de réunir en deux planches coloriées les cas les plus typiques ou les plus saillants que nous avons rencontrés durant nos recherches.

Notre travail sera divisé en deux parties proprement dites ; après avoir rappelé en quelques mots l'historique de la syphilis et de la phthisie laryngée, nous distinguerons ces deux affections des autres altérations de la muqueuse laryngée ; la deuxième partie comprendra le diagnostic différentiel de ces deux maladies.

Qu'il nous soit toutefois permis, avant d'entrer en matière, d'offrir nos sincères remercîments à notre maître, le D^r Ch. Fauvel, pour les bienveillants conseils qu'il n'a cessé de nous prodiguer, ainsi que pour les planches inédites de son second volume qu'il a bien voulu mettre à notre disposition.

Nous le prions, de plus, de vouloir bien accepter la dédicace de cet ouvrage comme témoignage de notre profonde reconnaissance.

Nous n'oublierons pas non plus nos excellents amis les docteurs L. Chollet, Sicard, Béchadergue, pour l'aimable concours qu'ils nous ont prêté en cette circonstance.

DE

LA SYPHILIS

ET DE

LA PHTHISIE LARYNGÉES

AU POINT DE VUE DU DIAGNOSTIC

HISTORIQUE.

Les premiers travaux entrepris sur les affections laryngées ne remontent guère qu'au commencement du siècle.
Hippocrate n'en fait aucune mention et c'est à peine si
Galien en cite deux observations mal détaillées et peu
connues, souvent attribuées à tort à Aétius qui n'a fait que
les rééditer. On ne trouve dans tous ces ouvrages que de
simples allusions, quelques lignes à peine, comme celles-ci :
« Tussis, Destillatio, Raucitas, in quibusdam etiam tabes
« oritur » écrites par Celsus (1). Morgagni (2) le premier a
donné dans un simple aperçu les matériaux pouvant servir de base à des recherches ultérieures.

(1) Celsus. Lib. II, cap. I.
(2) Morgagni. Lib. II, Epist. 15.

Dès l'année 1806, MM. Laignelet (1) et Sauvée 2) prenaient la phthisie laryngée pour sujet de leur thèse inaugurale. La même année, M. Double présentait à la Société de médecine un mémoire fort intéressant à ce sujet. Dïx ans plus tard, M. Lepine (3) reprenait la même question que venait de traiter avant lui M. Papillon (4).

En 1825, Louis (5), pièces en main, affirmait l'existence d'ulcérations laryngées chez les phthisiques et faisait de ces lésions une étude minutieuse.

Presque à la même époque, Borsieri (6) avait entrepris des recherches à ce sujet et arrivait aux mêmes conclusions que M. Louis.

Les altérations du larynx étaient dès lors connues, mais encore englobées sous le nom général de *phthisie aryngée*. Ces deux mots signifiaient à cette époque : *ulcération de la membrane muqueuse du larynx pouvant aller jusqu'à la carie et la nécrose de ses cartilages*, quelle que fût la nature de l'affection qui entraînait ces désordres après elle. Tout le diagnostic consistait alors à ne point confondre une lésion thoracique avec une maladie de l'organe phonateur.

Quelques temps après, Cruveilhier (7) se posait la question suivante : « La laryngite ulcéreuse n'est–elle qu'une laryngite chronique ou celle-ci n'est-elle que la cause ocsionnelle de celle-là, et la phthisie laryngée ne peut-elle s'établir sans une prédisposition particulière? » C'était

<hr>

(1) Laignelet. Recherches sur la phthisie laryngée. Thèse Paris, 1806.

(2) Sauvée. De la phthisie laryngée. Thèse Paris, 1806.

(3) Lépine. Phthisie laryngée. Thèse Paris, 1816.

(4) Papillon. Du larynx et de la phthisie laryngée. Thèse Paris, 1812.

(5) Louis. Recherches anat. sur la phth. Paris, 1825.

(6) Institut. médic. pratic. Berolini, 1826, t. VI, § 57 et 62.

(7) Cruveilhier. Dict. de méd. et de chir. prat., 1834. Article Laryng.

déjà diviser le sujet et faire deux grandes classes de maladies ; mais ce n'est qu'à Trousseau et Belloc (1) que revient
l'honneur d'avoir les premiers, dans leur mémoire, rangé
sous le nom de phthisie laryngée un certain nombre
d'entités morbides bien distinctes dans leurs causes et
leurs symptômes.

Toutefois, ces auteurs eurent encore le tort de faire
entrer dans le cadre de la phthisie laryngée, le cancer et la
syphilis qu'il faut en détacher.

Cependant le premier pas était fait, et dès l'année 1839
M. Barth (2) présentait un mémoire sur les ulcérations des
voix aériennes. Puis 20 ans plus tard, Turck et Czermak
par leur découverte, venant donner une nouvelle impulsion
aux faits déjà acquis, ce fut le point de départ de monographies complètes et de recherches consciencieuses , qui
firent de la pathologie laryngée ce qu'elle est aujourd'hui.
Les mots phthisie laryngée ne servirent plus qu'à désigner les laryngites dépendant de la diathèse tuberculeuse, et chaque maladie de l'organe de la voix reçut une
dénomination spéciale.

Pendant que s'accomplissaient ces progrès , un autre
fait dominait les esprits et suscitait de longs débats et de
nombreuses discussions que nous ne saurions passer sous
silence.

En effet, les ulcérations tuberculeuses du larynx étant
mises en lumière, il fallait démontrer par quel procédé la
laryngite simple en apparence devenait ulcéreuse. Etait-ce
le fait de la maladie générale? Etait-ce le fait d'un dépôt tuberculeux dans la muqueuse laryngienne?

(1) Trousseau et Belloc. Mém. sur la phth. laryng. Paris, 1837.
(2) Barth. Archiv. méd., juin 1839. (Mém. sur les ulcér. des voies
aér.).

Louis (1), en 1825, conclut dans son ouvrage à la nature inflammatoire de la lésion et affirme n'avoir jamais rencontré de granulations tuberculeuses dans l'épaisseur de l'épiglotte, du larynx ou de la trachée-artère. Trousseau et Belloc (2), tout d'abord moins affirmatifs, entrevoient comme possible l'existence de ces granulations, mais ajoutent plus loin : « Nous n'en avons jamais rencontré ». Barth (3) dit avoir une ou deux fois trouvé de véritables tubercules dans le larynx ; Monneret et Fleury en nient au contraire l'existence.

Alors surviennent de nouveaux observateurs. Rokitansky (4), en Allemagne, affirme d'une façon catégorique l'existence des tubercules dans le larynx et les dit même fréquents. Tobold (5), dans un ouvrage assez récent, se borne à transcrire les opinions des écoles d'Allemagne, tandis que Rühle (6) conteste ces mêmes opinions en termes énergiques ; puis Virchow (7), dont on ne saurait nier l'autorité scientifique, vient enfin terminer le débat recommandant le larynx à tous ceux qui veulent connaître le véritable tubercule, et de plus, dans une lettre adressée à MM. Krishaber et Peter (8), il ajoute : « Je suis absolument convaincu que la phthisie laryngée est due à la tuberculisation de la muqueuse de cet organe. »

Pendant que ces discussions ont lieu en Allemagne et que Empis (9), en France, nie de la façon la plus formelle

<hr>

(1) Louis. Loc. cit.
(2) Trousseau et Belloc. Loc. cit.
(3) Barth. Loc. cit.
(4) Rokitansky. Trait. d'anat. pathol., t. III.
(5) Tobold. Die chronish kehlkopfkrank, Berlin, 1866.
(6) Ruhle. Die kehlkopfkrankh, p. 261. Berlin, 1861.
(7) Virchow. Virlesunger ünber Gesch Wulste, t. II, p. 644.
(8) Krishaber et Peter. Dict. encyclop. sciences médicales. Article Laryngites.
(9) Empis. De la granulie. Paris, 1865, p. 966.

la présence des granulations tuberculeuses dans la muqueuse laryngée, affirmant qu'elle est indemme de tout effet morbide de cette nature, Hérard et Cornil (1), à l'exemple de Virchow, objectent au contraire qu'il existe des tubercules primitifs du larynx qui se développent dans le tissu conjonctif placé sous l'épithélium de la muqueuse. Cette dernière opinion a triomphé, et l'existence des granulations tuberculeuses dans cet organe est un fait aujourd'hui démontré.

Ajoutons que le Dr Fauvel a également fait paraître, à ce sujet, plusieurs articles dans lesquels il conclut en faveur de cette dernière opinion, à laquelle nous nous rallions entièrement. « Je résume donc cette note en quelques mots et je dis : 1° que dès les premières périodes de la tuberculose, les granulations isolées de la muqueuse sont faciles à démontrer. » (Fauvel, *Gaz. hôpit.*, 19 mars 1878.)

La syphilis laryngée a également suscité de nombreuses discussions et le dernier mot n'est pas encore dit sur ces différents caractères, mais elle a beaucoup moins passionné les anciens observateurs : signalée d'abord par Harwkin (2) et Förter (3) qui admettaient la propagation des lésions de la bouche vers cet organe, elle fut étudiée par Trousseau et Belloc, et Carmichaël (4) qui insiste surtout sur sa gravité.

Souhanek (5), de Prague, publia plus tard 21 observations de laryngopathie syphilitique chez les femmes. Et enfin,

(1) Hérard et Cornil. De la phthisie pulmon. Paris, 1867.

(2) Harwkin. The London. Physic. Journ., 1823.

(3) Förter. Observation the surgical pathol. of. the larynx and trachea. Edimb., 1826.

(4) Carmichaël. Précis théor. et prat. sur les mal. vénér. Paris et Lyon, 1840.

(5) Souhanek. In Prager Vierteljahrsschr, 1849, t. IV.

parmi les auteurs contemporains, nous citerons : Czermak (1), (Turck (2) et Virchow (3) en Allemagne ; Krishaber et Peter (4), Rollet (5), Mandl (6), Fauvel (7), Isambert (8) et Jaccoud (9) en France, qui en ont fait une étude complète, ainsi que de toutes les affections du larynx.

Nous aurons du reste l'occasion durant ce travail de citer les opinions de ces différents auteurs ; et de plus, nous signalerons quand l'occasion s'en présentera, les faits isolés ou les thèses soutenues sur ces différents sujets.

(1) Czermak. Historique du laryngoscope, 1860.
(2) Turk. Essai clinique sur les mal. du larynx.
(3) Virchow. Traité de la syphilis constitution.
(4) Dict. encyclop. sciences méd. Art. Laryng.
(5) Rollet. Id. Art. Laryng. syphil.
(6) Mandl. Traité des mal. des larynx. Paris, 1872.
(7) Fauvel. Traité des mal. du larynx. Paris, 1876.
(8) Isambert. Annales mal. de l'oreille et du larynx, 1875-76.
(9) Jaccoud. Traité pathol. int.

PREMIÈRE PARTIE

Diagnostic général.

Avant de mettre en parallèle les deux affections qui font
le sujet de ce travail, nous avons cru devoir les distinguer des
autres altérations du larynx avec lesquelles on pourrait les
confondre. C'est éliminer tout d'abord un certain nombre
d'entités morbides à caractères bien définis que nous ne ferons que signaler. Telles sont : 1° la laryngite diphtéritique ;
2° la laryngite striduleuse, qui survient à un âge (2 à 7 ans)
où la tuberculose n'exerce point encore ses ravages du côté
du larynx et où la syphilis se montre sous d'autres formes
qui ne permettent pas longtemps de la méconnaître ; 3° la
laryngite œdémateuse, qui n'est, en somme, bien souvent,

qu'un épiphémonène, compliquant les maladies que nous nous proposons d'étudier ; 4° pour ce qui concerne les laryngites secondaires survenant par le fait d'affections protopathiques, telles que les fièvres éruptives (rougeole, variole, scralatine), la fièvre typhoïde, l'érysipèle et la morve, le fait même de la présence de ces maladies primitives et les graves lésions qu'elles déterminent, la marche rapide des accidents permettront de ne point en méconnaître la nature. Nous ne pouvons que renvoyer aux monographies et aux articles publiés à ce sujet.

Il nous reste donc à parler : 1° de la laryngite catarrhale (forme bénigne et grave) ; 2° des laryngites chroniques (simple, glanduleuse, hypertrophique) ; 3° des tumeurs du larynx (polypes et cancers) ; 4° enfin des paralysies de l'organe de la voix.

Nous ferons dans un aperçu rapide l'exposé des symptômes et des lésions qui caractérisent ces diverses maladies en suivant l'ordre dans lequel nous venons de les nommer.

I. — Laryngite catarrhale

Peut-être au premier aspect il semblera puéril de donner les caractères différentiels d'une maladie qui semble s'imposer d'elle-même ; mais il ne faut point oublier que la phthisie laryngée primitive au début et la syphilis secondaire peuvent offrir des signes que l'on prendrait facilement pour ceux d'un catarrhe simple, si l'on n'était prévenu de cette cause d'erreur.

Survenue en général sous l'influence du froid, la laryngite catarrhale est rarement suivie de réaction fébrile. Elle s'annonce par une sensation d'ardeur et de picotement dans la gorge qui ne tardent pas à provoquer la toux ;

celle-ci sèche au début, puis quinteuse et à caractère spas-
modique, est suivie plus tard de crachats muqueux d'abord,
ensuite franchement purulents, qui n'offrent par eux-
mêmes rien de caractéristique. La voix n'offre également
rien de particulier, car dans la phthisie laryngée au début
elle peut subir les mêmes modifications dans son timbre et
dans sa tonalité.

La douleur, qui n'est, en général, qu'une sensation de
chatouillement et de picotement à l'arrière-gorge, peut toutefois être légère pendant les mouvements de déglutition
et d'expuition; elle est occasionnée, dans ces, cas par les
mouvements d'ascension du larynx.

Dans la phthisie laryngée, au contraire, la douleur quand
elle existe, est intense pendant la déglutition, et causée par
le passage des aliments sur des parties enflammées et souvent exulcérées. De plus, si les troubles vocaux peuvent
offrir les mêmes caractères que ceux du catarrhe simple,
quelquefois, ainsi que nous le verrons plus loin, même au
début de l'affection, ils peuvent facilement aller jusqu'à
l'aphonie, fait qui est très-rare dans la laryngite simple. La
syphilis laryngée pendant ses premières phases est absolument indolente. Le malade ignore le plus souvent cette
complication jusqu'à l'apparition des troubles vocaux qui
sont souvent particuliers à cette diathèse et toujours plus
persistants que dans le catarrhe simple (1). La toux et l'expectoration font presque complétement défaut.

En un mot, la marche de la laryngite syphilitique est in-
sidieuse, progressive et persistante.

A l'examen laryngoscopique ; dans le catarrhe simple,
on constatera, en général, les signes d'une angine, le mi-

______

(1) Nous renvoyons à la page 58 pour la description des troubles
vocaux pendant les premières phases de la syphilis.

roir révélera soit une rougeur limitée à certains points ou étendue à toute la surface du larynx, et disposée soit en pointillé, soit en plaques, occupant surtout les parties doublées d'un tissu cellulaire lâche, les replis aryténo-épiglottiques, le vestibule de la glotte, les cordes vocales supérieures.

La fluxion pourra dépasser les limites de la rougeur et aller jusqu'aux extravasations sanguines. On pourra dans ces cas voir de petites taches ecchymotiques. Les rubans vocaux sont en général simplement dépolis et ont perdu leur aspect nacré ; ils sont laiteux (Fauvel), et ils peuvent même quelquefois présenter des stries ou même des plaques rosées. On peut aussi trouver en des points limités de petites érosions de la muqueuse (érosion catarrhale) (1) dues à la chute de l'épithélium par le fait de l'inflammation.

Quant aux véritables ulcérations, leur existence est loin d'être clairement démontrée.

Le Dr Isambert (2) il y a quelques années à peine formulait ainsi son opinion à ce sujet : « L'ulcération n'est pas le fait de catarrhe simple, pas plus dans le larynx que dans les bronches. L'éraillure des surfaces par suite de la desquamation de l'épithélium, voilà le point pathologique qui nous semble ne jamais être dépassé, à moins qu'il ne s'agisse d'inflammation symptomatique de tubercule, de scrofule ou de syphilis. »

Le Dr Mandl (3) s'exprimant en ces termes, n'est pas moins affirmatif : « Nous contestons d'une façon absolue la terminaison de la laryngite aiguë par des ulcérations. Cel-

(1) Fauvel. Gazette des hôpitaux.
(2) Isambert. Annales, mal. de l'oreille et du larynx, 1875, p. 279.
(3) Mandl. Traité des mal. du larynx. Paris, 1872.

les-ci pourraient exister dès le début, si la cause déterminante a été une brûlure, une cause chimique ou mécanique ;
mais jamais je n'ai vu survenir dans le cours de la laryngite non spécifique l'ulcération de la muqueuse. » A côté
de ces opinions d'hommes expérimentés auxquels nous ajouterons Engel, nous trouvons celles de cliniciens tout aussi
distingués qui sont avec eux en désaccord complet. En effet
Turck (1), Nimeyer (2), Krishaber et Peter (3), Fauvel (4),
Jaccoud (5) admettent l'existence d'ulcérations catarrhales
simples ; ces auteurs ayant eu l'occasion d'en constater la
présence donnent une description complète de leur forme,
de leur siége et de leur mode de formation. Nous nous
rangeons du reste à cette dernière opinion, faisant toutefois remarquer que l'ulcération est une lésion rare dans le
catarrhe simple même intense, et que lorsqu'elle existe, on
devra réserver son pronostic péndant quelques jours jusqu'à ce que la marche de cette altération nous ait fixé sur
sa nature.

Dans la phthisie laryngée, même au début, la muqueuse
laryngienne offre une rougeur bien mieux limitée et souvent
localisée à la région aryténoïdienne qui est rarement épargnée. La muqueuse de cette région boursoufflée et hyperémiée devient bientôt le siége de petites ulcérations dont la
marche envahissante ne peut laisser de doutes sur leur nature. Les cordes vocales sont rarement indemnes : tantôt
l'une d'elles est simplement rosée en un point limité, tantôt
elles offrent une fine arborisation dont certains auteurs ont

(1) Turck. Loc. cit.
(2) Niemeyer. Traité pathol. int., 1873, p. 36.
(3) Krishaber et Peter. Dict. encyclop. sciences méd. Art. Larynx,
p. 583.
(4) Fauvel. Gazette des hôpitaux.
(5) Jaccoud. Traité pathol. int. et Dict. méd. et de chirurg. prat.
Art. Larynx, p. 250.

voulu faire un caractère distinctif de cette affection, d'autres fois encore elles sont rouges et offrent un aspect granité et dentelé sur leurs bords. (Voir planche 1, fig. n° 3.)

On trouve surtout cette dernière altération des rubans vocaux quand la phthisie débute par eux, auquel cas la région aryténoïdienne peut n'être que légèrement enflammée.

Tous les auteurs s'accordent à reconnaître les caractères presque spécifiques de l'ulcération de la muqueuse interaryténoïdienne, et Turck (1) dans son ouvrage dit de plus : « En dehors de la phthisie pulmonaire, on ne rencontre presque jamais d'ulcération étendue siégeant à la partie postérieure de l'épiglotte, à sa partie profonde ; mais dans ce cas, ajoute-t-il plus loin, il faut que les bords de cet opercule n'aient pas été entamés. » Nous ne saurions nous prononcer sur la valeur de cette lésion et nous nous contentons de la signaler.

Dans la syphilis, il est rare que l'éruption des plaques muqueuses de la bouche ne soit point suivie d'angine, mais le larynx est en général épargné à ce moment. Les recherches des auteurs nous apprennent que la laryngite syphilitique peut se montrer cinq semaines à deux mois après le chancre, dans ses manifestations les plus rapprochées du début de l'infection ; quant à la dernière limite, elle ne saurait être précisée, car on a vu des accidents syphilitiques survenus du côté du larynx 20 et 30 ans après l'infection : on avait à faire en général, dans ces cas, à des accidents tertiaires qui ne doivent pas nous occuper ici.

En tant qu'éruption secondaire, l'hyperémie et l'injection inflammatoire que détermine la vérole peuvent n'offrir aucune différence avec celles du catarrhe simple. A moins de

(1) Turck. Loc. cit.

constater la présence de plaques muqueuses sur lesquelles nous reviendrons plus tard, ou de n'avoir sous les yeux que l'érythème syphilitique borné à la partie antérieure des rubans vocaux, ou comme nous l'a fait souvent remarquer le Dr Coupard, chef de clinique du Dr Fauvel, à leur bord libre (1), la rougeur peut en effet rester, limiter à ce niveau et trancher sur les autres portions des cordes qui sont intactes.

A moins de cas de ce genre, il est difficile à l'examen laryngoscopique seul de faire le diagnostic. On a bien signalé la rougeur plus sombre de la syphilis, et le fait existe quelquefois, la démarcation exacte de l'hyperémie spécifique et l'épaississement des tissus. Mais on devra plutôt se baser sur l'absence des symptômes de catarrhe aigu, sur l'absence presque constante de toux, d'expectoration et de douleur, souvent sur le caractère de la voix (voix syphilitique) ainsi que sur les antécédents, la marche et la durée de l'affection pour établir son diagnostic. Un autre symptôme peu mentionné est l'adénopathie sous-maxillaire cervicale et spéciale qui accompagne presque toujours la laryngite secondaire spécifique, et qui ne se rencontre guère dans la laryngite catarrhale simple.

La forme intense de la laryngite catarrhale, laryngite parenchymateuse de certains auteurs, offre, mais à un plus haut degré, les caractères de la forme que nous venons de décrire.

La rougeur est plus vive, les suffusions sanguines et les érosions sont plus communes. L'inflammation peut atteindre la région aryténoïdienne, et l'on pourra alors constater la présence de glandes et de replis saillants qu'il faudra

(1) Nous avons pu voir en effet quelquefois l'érythème borné à cette partie des cordes vocales (Poyet, etc.), et nous avons même rapporté un de ces cas types dans une de nos planches (Pl. I, fig. n° 2).

bien se garder de confondre avec des ulcérations ou des
végétations.

Les symptômes généraux seront également plus accusés,
et chez certains sujets délicats, il pourra même exister un
léger mouvement fébrile.

Quant au diagnostic de cette affection, disons d'abord que
la laryngite parenchymateuse, survenant chez un individu
reconnu tuberculeux donnera lieu de supposer qu'elle est
le début d'une phthisie laryngée. Si, au contraire, elle éclate
à la suite de refroidissement chez un individu jusqu'alors
bien portant, c'est surtout d'après l'interrogation du ma-
malade, d'après la marche et la durée de l'affection que l'on
posera le diagnostic, car il faut bien avouer que le laryngoscope seul ne peut, dans tous les cas sans exception, démontrer d'une façon absolue, la nature simple ou diathésique de la lésion.

Cependant à la suite d'une longue pratique, on peut arriver dans la majorité des cas à porter un diagnostic certain.
Il est quelquefois difficile d'établir les règles scientifiques
d'après lesquelles le laryngoscopiste devra se prononcer ; le
savant est obligé de faire place à l'artiste, car si la médecine est une science, c'est aussi un art (Fauvel).

Nous devons dire aussi avec Turck (1) que la laryngite
intense est suivie dans le quart des cas d'angine pharyngée,
et dans la moitié de trachéite. Or, dans la phthisie laryngée
au début, la lésion est en général mieux localisée.

Nous ne ferons point le diagnostic différentiel d'avec la
syphilis qui revêt d'emblée des allures beaucoup plus si-
lencieuses et une forme plus torpide.

Il faut ajouter que la laryngite parenchymateuse au lieu
d'atteindre la région aryténoïdienne, comme nous venons

(1) Turck. Loc. cit.

de le dire, occupe plus souvent encore l'épiglotte (épiglottite) ses replis, les cordes vocales supérieures, etc., auquel cas le miroir révèle le siége et, souvent aussi, la nature de la lésion. Nous ne nous occuperons pas du diagnostic de ces différentes affections qui n'offré en général aucune difficulté.

II. — Laryngites chroniques.

Nous comprenons sous ce titre les laryngites : 1° secondaire ou catarrhale ; 2° glanduleuse ou granuleuse ; 3° hypertrophique.

1° *Laryngite catarrhale chronique* (secondaire).

Elle est secondaire, car elle succède à la laryngite aiguë qu'elle ne fait que prolonger indéfiniment. Elle est surtout fréquente chez l'homme qui, exposé sans cesse aux causes déterminant le catarrhe simple, prolonge par une série de refroidissements la durée de son mal. Les lésions sont celles de la laryngite simple, la coloration de la muqueuse est toutefois plus sombre et *uniformément répandue* dans les parties qui sont atteintes. Ce sont en général l'épiglotte et ses replis, les replis tyro-aryténoïdiens (cordes vocales supérieures), les cordes vocales inférieures. En ces différent points, la muqueuse est épaissie et souvent recouverte de mucosités grisâtres dont on retrouve presque toujours la trace à l'entrée des ventricules de Morgagni : elles consistent en petites masses concrètes et de couleur grisâtre que l'on retrouve dans les crachats. La voix est uniformément enrouée ou bien elle revêt le caractère décrit par M. le professeur Jaccoud sous le nom de voix bitonale (1).

(1) Jaccoud, Loc. cit.

Dans les temps humides, par suite du gonflement de la muqueuse, elle peut subir une altération plus prononcée, mais elle est passagère. Nous n'insisterons pas sur le caractère de la toux qui est peu fréquente, ni sur les autres symptômes de ce catarrhe chronique.

Le siége des lésions, l'absence d'ulcération, en général, bien que dans certains cas rares on trouve des érosions de la muqueuse (1), la date de début de la maladié, sa marche sont autant de signes qui ne sauraient la faire méconnaître et qui nous dispensent de faire ici son diagnostic différentiel.

2° *Laryngite glanduleuse.*

On la désigne encore sous le nom de laryngite chronique primitive, ou de laryngite granuleuse. On l'appelle glanduleuse parce qu'elle intéresse surtout les glandes en grappe de la muqueuse; primltive, parce qu'elle survient dans des conditions spéciales ayant amené la suractivité de ces glandules et par suite leur inflammation.

Son siége de prédilection est la muqueuse des cartilages aryténoïdes et la base de l'épiglotte, parties riches en glandes. Elle peut aussi occuper les replis supérieurs, etc. ; aussi ces localisations diverses avaient inspiré à Bergson (2) l'idée d'une nomenclature spéciale (aryténoïdite, Chorditis, Santorini ou Wrisbergii, méso-aryténoïdite, etc.). Il est regrettable que ces dénominations en rapport avec les différents siéges des altérations de la muqueuse n'aient pas pris droit de domicile dans la science, car cela eût beaucoup simplifié le langage.

(1) Fauvel. Gazette des hôpitaux.
(2) Dict. encyclop. scienc. méd. Art. Laryng. glandul.

Nous rappellerons que les causes de la laryngite granuleuse sont : l'usage prolongé et exagéré de la parole, l'abus du tabac, et souvent aussi la diathèse herpétique déjà invoquée par Trousseau, Chomel et Gueneau de Mussy comme pouvant déterminer cette affection. Le Dr Isambert ajoute encore l'arthritisme, diathèse rejetée par certains auteurs et que nous ne faisons que signaler, laissant aux observateurs le soin de vérifier son influence.

Dans cette variété de catarrhe chronique, la lésion qui domine la scène c'est la saillie formée par les glandes de la muqueuse laryngée et qui lui ont valu le nom de laryngite glanduleuse. Les orifices sont non-seulement dilatés par une sécrétion abondante, mais les glandes elles-mêmes sont hypertrophiées ; dans les cas types, elles sont isolées, nettement circonscrites, et souvent entourées de vaisseaux dilatés qui leur forme un anneau vasculaire, souvent très-apparent. La muqueuse elle-même subit des modifications importantes dans sa nutrition et devient grenue : on peut trouver à sa surface de petites végétations papilliformes qui augmentent cet aspect rugueux et sont dues à l'hypertrophie du derme muqueux (métamorphose dermoïde de Förster) (1). Dans certains cas, la muqueuse présente un aspect piqueté, résultant de l'hyperplasie épithéliale des canaux excréteurs des glandes, qu'il faudrait bien se garder de confondre avec des granulations miliaires ; cet épithélium peut même devenir le siége d'un travail ulcératif et donner lieu à de petites érosions, arrondies ou allongées dans leurs formes, devenant parfois confluentes. Nous croyons devoir ajouter ainsi que nous le fait souvent remarquer notre maître le Dr Fauvel et ainsi que le signale M. le professeur Jaccoud dans son livre (2) qu'il ne faudrait point

(1) Handb der Path. anat., p. 321.
(2) Jaccoud. Loc. cit., p. 768.

prendre pour des ulcérations des petits dépôts de mucosités parfois très-adhérents en divers points de la muqueuse laryngée surtout au niveau des cordes vocales inférieures ; aussi faut-il prendre la précaution de faire tousser le malade, et même si ce moyen ne suffit pas, toucher directement les parties suspectes avec une éponge imbibée d'eau fraîche ou de laudanum qui sert de topique calmant. On évitera de cette façon une cause d'erreur assez fréquente quand on n'est pas entièrement familiarisé avec le laryngoscope ou prévenu de ce fait. De plus, il faut bien le dire, autant les desquamations épithéliales et les érosions sont fréquentes dans les catarrhes simples du larynx, autant la véritable ulcération est rare en dehors de l'altération spécifique. Le Dr Isambert les rejette absolument ainsi que nous avons déjà eu l'occasion de le dire pour la laryngite catarrhale, admettant tout au plus qu'elles peuvent exister dans le catarrhe chronique du à la diathèse herpétique, disant : « Peut-être trouverait-on des ulcérations dans les affections dartreuses ou arthritiques, mais celles-ci sont à peine connues dans le larynx. »

Nous ne sommes point aussi affirmatif, et nous pensons qu'il peut exister dans la laryngite granuleuse de véritables ulcérations et que celles-ci occupent comme le catarrhe lui-même les parties du larynx qui sont le plus riches en glandes. Si les cordes vocales sont quelquefois épargnées, il n'est pas rare de les voir dépolies et sans reflet brillant, elles offrent même des altérations pouvant varier avec les causes de la laryngite. Chez les chanteurs, ce sont de véritables taches vermillonées (coup de pinceaux), de petites ecchymoses rouges, qui tranchent vivement sur le reste des rubans vocaux qui peuvent être sains. Chez les fumeurs, la rougeur est plus diffuse, l'épiglotte et le reste du larynx présente souvent une fine arborisation, un état va-

riqueux (Fauvel) que l'on peut retrouver dans le catarrhe lié
à la diathèse herpétique, mais dans ce dernier cas la muqueuse semble en général ramollie et les cordes détendues.
Il est bien entendu que toutes ces distinctions se rapportent à des cas types et qu'il est rare de les rencontrer bien
nettes, sauf peut-être chez les chanteurs.

Telles sont les lésions que l'on pourra constater à l'examen
laryngoscopique chez un malade atteint de laryngite granuleuse ; voyons maintenant en quoi ces altérations diffèrent de
celles que l'on rencontre dans la phthisie et la syphilis laryngées. Les glandules hypertrophiées, avons-nous dit, occupent le plus souvent la muqueuse aryténoïdienne et lui
donnent un aspect granité qu'ont parfaitement décrit la plupart des auteurs ; d'autres fois, par suite d'une prolifération
épithéliale exagérée, cette région rappelle assez bien l'aspect
du velours d'Utrecht, d'où le nom d'*aspect velvétique* qui lui
a été donné, et dont on a voulu faire le propre de la phthisie
laryngée : mais nous avons quelquefois vu cet état de la
muqueuse dans la laryngite non tuberculeuse. Chez les
phthisiques, la prolifération épithéliale est moins fine, et
les saillies ressemblent plutôt à de petites verrues.

On ne pourrait pas non plus songer à confondre les saillies
glandulaires avec des granulations tuberculeuses, car dans
ce cas, on verrait un semis de petits grains transparents et
grisâtres, isolés ou confluents qui ont un aspect tout à
fait caractéristique. (Voir planche I, fig. 5.) La muqueuse
interaryténoïdienne est gonflée par suite de l'imbibition
séreuse dont elle est le siège ; les cordes vocales sont rouges
et parsemées de stries vasculaires comme s'il allait se produire une hémorrhagie. Puis les granulations ne tardent
pas à se ramollir et à laisser après elle de nombreuses ulcérations qui (pour beaucoup d'auteurs sont caractéris-

tiques. Niemeyer (1), cite en effet, Lewin qui affirme que toute ulcération ayant pour siége l'endroit de la muqueuse recouvrant les apophyses antérieures des cartilages aryténoïdes sont pathognomonique de phthisie pulmonaire. C'est peut-être exagérer la valeur des ulcérations occupant cette partie du larynx, mais nous dirons que dans le cas d'érosions ou même d'ulcérations glandulaires, la vascularisation de la muqueuse est généralement augmentée, ces lésions se détachent sur un fond assez rose et n'ont qu'une durée éphémère. Ensuite il est rare que le sujet ne soit pas en même temps atteint d'une pharyngite granuleuse et cette partie présentera à un plus haut degré les altérations que nous venons de décrire qui mettront sur la voie du diagnostic. Jamais on ne trouve cet œdème et ce gonflement de la phthisie, cette décoloration générale de la muqueuse laryngienne, cette suppuration abondante et cette persistance des ulcérations qui augmentent rapidement en largeur et profondeur.

Quant aux symptômes de la laryngite granuleuse, il suffira de les indiquer pour montrer combien ils diffèrent de ceux de phthisie laryngée.

Le fait dominant est l'altération de la voix ; La tension des cordes vocales étant diminuée par le fait du gonflement la voix devient impure et rauque, mais *l'aphonie n'existe jamais complète.* Le malade perd surtout ses notes aiguës, son médium est conservé. Il ne peut appeler à haute voix, la dysphonie est beaucoup plus marquée le matin ou après un usage prolongé ou exagéré de la parole ; souvent un catarrhe aigu vient ajouter ses symptômes à ceux de la laryngite préexistante. La toux est rare et réduite à ce que les Anglais appellent le hem. Enfin il n'est

____

(1) Niemeyer. Loc. cit.

point rare que les malades se plaignent d'une sensation de sécheresse et de brûlure dans la gorge, parfois même, il croient à la présence d'un corps étranger, tel qu'os, épingle ou arête de poisson, qui leur donne une sensation de piqûre pour laquelle ils viennent consulter leur médecin.

Il faut bien ajouter que cette maladie à l'égal de certaines affections chroniques de l'estomac mène les sujets à l'hypochondrie. Le fait a déjà été reconnu depuis longtemps.

Pour ce qui concerne la syphilis laryngée même dans les cas de catarrhe intense, on pourra constater une rougeur uniforme, occupant de préférence les cordes vocales supérieures, l'épiglotte et ses replis; mais cette inflammation a une tendance marquée à déterminer l'hyperthrophie des parties qu'elle atteint et surtout régresse bien rarement.

Dans les cas d'ulcérations survenant chez un syphilitique atteint en même temps de laryngite granuleuse, le cas pourra devenir très-embarrassant et ce ne sera que sur la marche et la durée de l'affection qu'il faudra baser son diagnostic. Nous avons cru devoir rapporter une observation de ce genre que nous avons eu l'occasion d'avoir sous les yeux.

OBSERVATION I. (Personnelle.)

Pharyngo-laryngite granuleuse herpétique, suivie d'ulcération catarrhale.

Etienne F..., âgé de 35 ans, commis-voyageur, vint à la clinique du D^r Ch. Fauvel le 10 mars 1879. — Le malade offre tous les symptômes d'une pharyngite granuleuse. Depuis cinq ans il a des enrouements revenant à des intervalles irréguliers; plusieurs fois il est allé à Cauterets pour y soigner sa maladie, et chaque fois il est revenu soulagé.

Antécédents morbides. — Varioloïde en 1870. Blennorrhagie en 1872 qui dura trois ans. Syphilis en 1873, suivie d'éruptions cutanées de plaques muqueuses et d'angine spécifique. Depuis 3 ans, aucune manifestation.

Antécédents héréditaires. — Rien de particulier.

Examen laryngoscopique. — Voile du palais finement arborisé. Granulations volumineuses occupant le pharynx jusqu'au niveau du vestibule laryngien. État velvétique de la muqueuse interaryténoïdienne. Les cordes vocales inférieures sont grisâtres et rouges en d'autres points ; elles paraissent ramollies par le fait du manque de tension. Sur la corde droite, ou aperçoit trois petites érosions légères en coup d'ongle occupant le milieu de la corde vocale de ce côté. Le reste du larynx est sain.

Traitement. — Antiphlogistique, eau de Janos, tapsia, pulvérisations phéniquées au 1/1000.

15 mars. Les trois érosions sont devenues confluentes, et se confondent en une ulcération mesurant environ 2 millimètres de long sur 1 de large, dont les bords sont nettement dessinés. — Même traitement, sauf le tapsia.

Le 20. L'ulcération de la corde vocale inférieure droite a presque tout à fait disparue ; la rougeur a diminué ; les cordes sont laiteuses, et l'on trouve les signes du catarrhe simple.

Le 23. Toute trace d'ulcération est effacée ; la voix est redevenue claire ; reste les symptômes du catarrhe glandulaire.

L'observation précédente était intéressante à plusieurs points de vue. D'abord il s'agissait d'une *ulcération catarrhale simple.* De plus le sujet atteint de pharyngo-laryngite granuleuse herpétique était en puissance de syphilis et l'on avait à se demander si l'on n'avait point sous les yeux une manifestation laryngée de cette diathèse, ou si la lésion de la corde vocale inférieure dépendait simplement du catarrhe herpétique : c'est donc sur la marche et la durée éphémère de cette altération que l'on a pu se baser pour déterminer la cause qui l'avait produite.

3° *Laryngite hypertrophique.*

Il s'agit ici d'un épaississement de la membrane muqueuse du larynx et du tissu cellulaire sous-muqueux, par suite d'une inflammation chronique de cet organe.

A l'examen laryngoscopique, on trouve la muqueuse *violacée*, boursoufflée et rigide. L'épiglotte est souvent intacte ou, quand elle est épaissie, elle prend souvent la forme d'un fer à cheval, à concavité tournée en bas, et ses replis gonflés paraissent raccourcis.

Les cartilages aryténoïdes peuvent n'offrir que deux mamelons volumineux et arrondis, d'aspect résistant. Les deux cordes vocales supérieures ou une seule, ayant aussi subi ce travail d'hypertrophie, viennent cacher presque complétement les cordes vocales inférieures, qui à leur tour épaissies ont une forme cylindrique et sont en général simplement un peu dépolies. L'hypertrophie atteint bien rarement toutes les parties du larynx, elle n'envahit en général que l'une d'elles, ce qui rend la lésion encore plus appréciable.

On comprendra facilement que, suivant les parties qui seront le siége de l'hypertrophie, les symptômes seront aussi différents.

Ainsi la voix pourra être couverte et rauque ou cassée et même abolie. La toux et la douleur sont excessivement rares dans cette forme de laryngite.

Tel est l'exposé rapide des lésions et des symptômes observés dans cette maladie au sujet de laquelle nous allons rapporter l'opinion du Dr Isambert (1).

« La laryngite plastique ou hypertrophique, dit cet auteur, nous inspire des doutes. L'épaississement parenchymateux chronique, qui est dû soit à un exsudat pseudo-plastique non résorbé, soit à une hypertrophie du tissu connectif, soit à des infiltrations diverses, de matières fibro-lardacées (Rokitansky) ou de nature gélatiniforme ou de granulations grises tuberculeuses que nous avons observé

(1) Isambert. Revue critique. Art. Oreil. et Larynx, 1875, p. 279.

nous-même, n'appartient pas à la laryngite catarrhale chronique simple, mais bien à différentes laryngites diathésiques, au premier rang desquelles il faut mettre la syphilis et la tuberculose. Elle peut également venir à la suite de laryngite symptomatique de grandes pyrexies. Mais en somme, la laryngite hypertrophique n'est pas une espèce, c'est un reliquat pathologique commun à plusieurs laryngites de nature très-différente. »

Nous n'oserions point nous prononcer contre l'opinion d'un clinicien aussi distingué que l'était le Dᴿ Isambert, si nous n'étions appuyé sur l'autorité de la plupart des auteurs qui, tous, ont décrit la laryngite hypertrophique comme une véritable maladie succédant à la laryngite chronique (1). Nous avons eu du reste la bonne chance d'en observer plusieurs cas ; il est inutile de rapporter ici ces observations qui seraient déplacées; nous nous bornerons à dire que dans une d'elles il s'agissait d'un homme de 50 ans, crieur à la Halle depuis 20 ans, dont la voix s'était peu à peu enrouée. On constata à l'examen laryngoscopique une hypertrophie considérable de la muqueuse laryngienne occupant surtout les cartilages aryténoïdes, les cordes vocales supérieures et les cordes vocales inférieures, qui se mouvaient lourdement et était devenues tout à fait cylindriques.

Le malade n'avait du reste aucun antécédent spécifique.

Dans ce cas, la profession du sujet imposait en quelque sorte le diagnostic; mais d'autres fois, ne pourrait-on hésiter entre une laryngite simple ou diathésique ? Nous rappellerons que chez les tuberculeux l'hypertrophie du tissu

---

(1) Cette maladie est même assez fréquente en Algérie, selon l'opinion du Dᴿ Spillmann, chirurgien de l'hôpital de Milianah, qui en a fait l'objet d'une communication au Dᴿ Fauvel.

muqueux existe rarement seule. On trouve en même temps des ulcérations, du gonflement qui ne permettent pas de rester indécis et, à ce propos, le Dr Mandl dans un cours fait à l'École pratique en 1862 (1), disait : « C'est un fait curieux à constater que dans la laryngite chronique plastique, les cordes vocales subissent les altérations les moins graves et essentiellement différentes de celles de la phthisie laryngée. »

Quant à la syphilis, le diagnostic pourra offrir plus de difficulté ; nous savons, en effet, qu'il existe une laryngite syphilitique hyperplasique que tous les auteurs ont décrite, et qui survient en général pendant la période des accidents secondaires.

Quand le catarrhe laryngé existe comme accident de la vérole, la rougeur qu'il détermine est accompagnée de gonflement de la muqueuse qui semble avoir une préférence marquée pour les bords de l'épiglotte et ses replis, les replis thyro-aryténoïdiens, les cartilages aryténoïdes et les cordes vocales inférieures. La turgescence est uniforme et disposée en nappe diffuse pouvant n'occuper qu'un côté du larynx ou les deux ; mais ici les parties enflammées sont généralement recouvertes de muco-pus, on a les caractères objectifs d'une inflammation qui pourra n'être que passagère et ne laisser après elle aucune trace. D'autres fois, au contraire, elle laissera persister une véritable hypertrophie des tissus muqueux, qui, loin d'avoir des tendances à régresser, semble plutôt augmenter et surtout produire de véritables végétations. Le diagnostic pourra offrir de véritables difficultés si l'on constate une simple hyperplasie sans autre lésion, c'est d'après la marche et la durée de l'affection, d'après l'interrogatoire du malade qu'il faudra se diriger ; si au contraire on a sous les yeux de petites vé-

____

(1) Mandl. Gaz. des hôpit., 29 et 31 mai 1862.

gétations, ou, à plus forte raison, des ulcérations, l'on devra s'attacher à reconnaître la nature diathésique de la maladie. Enfin, dans ce dernier cas, les rubans vocaux sont rarement intacts ; ils sont le plus souvent inégaux, rouges par place, mais rubanés.

III. — Polypes du larynx.

Nous ne nous étendrons pas sur les différentes variétés de tumeurs polypoïdes qui peuvent naître dans l'intérieur du larynx, ni sur les différents symptômes qui les font reconnaître. Le laryngoscope seul, en effet, peut prouver d'une façon indéniable l'existence d'une ou plusieurs de ces tumeurs occupant par ordre de fréquence la commissure antérieure des cordes vocales inférieures, les replis thyro-aryténoïdiens, l'épiglotte, les bords des ventricules de Morgagni ou même leur intérieur et les ligaments aryténo-épiglottiques. Notons qu'ils siégent rarement à la partie sous-glottique ou au niveau des cartilages aryténoïdes.

Leur présence dans l'organe de la voix étant constatée, il faut reconnaître aussi la cause qui a présidé à leur formation : nous savons en effet que sous l'influence d'inflammation ulcérative de la muqueuse laryngée, des bourgeons charnus se forment, grandissent et finissent même par s'organiser pour former de véritables polypes, c'est dire que la syphilis et la phthisie laryngées peuvent leur donner naissance ; nous devons aussi ajouter que les végétations développées sous l'influence de ces diathèses pourraient être confondues entre elles, mais nous nous réservons de revenir plus tard sur ce sujet et de distinguer, s'il y a lieu, dans la seconde partie de ce travail les végétations syphiliti-d'avec celles dont la tuberculose est la cause. Nous nous contenterons pour le moment de faire le diagnostic des polypes que nous nommerons simples par opposition aux végétations diathésiques dont nous venons de parler.

A. Dans la laryngite ulcéreuse des phthisiques, il n'est point rare de voir se produire aux dépens de la muqueuse ulcérée un bourgeonnement hypertrophique en forme de chou-fleur ou de crête de coq, simulant un polype : ce gonflement partiel peut n'occuper qu'une des cordes vocales soit supérieure soit inférieure. (Voy. pl. 2, fig. n°s 1 et 2). Mais ces hyperplasies partielles n'existent jamais seules, elles sont *accompagnées d'ulcérations* et de végétations papillaires occupant la région aryténoïdienne, point que nous avons vu être presque toujours respecté par les véritables polypes. Parfois, à côté de ces tumeurs, ou même sans qu'elles existent, les ulcérations peuvent déterminer un état particulier de la muqueuse, résultant de la nature même de l'ulcération qui, à l'examen laryngoscopique, pourra faire penser à un polype, alors même qu'il n'en existe point. C'est que dans ces cas, disent les auteurs du Dictionnaire encyclopédique (1), « les bords qui circonscrivent l'ulcération, quand celle-ci se fait au dépens de la corde vocale, sont toujours très-tuméfiés et forment quelquefois un petit bourrelet rouge qu'il faut avoir vu souvent pour le distinguer d'une végétation sessile.

« Cette particularité n'est pas constatable à l'autopsie, mais pendant l'examen laryngoscopique, et pendant que le malade contracte ses muscles phonateurs, il arrive que la tension exercée sur les cordes vocales agrandit ; l'ulcération les bords qui la circonscrivent tendent alors à se masser en devenant gros et saillants, et peuvent ainsi tromper l'observateur. »

(1) Dict. encycl. des sc. méd. Art. Larynx, p. 753.

De plus ces végétations phymiques n'atteignent jamais
de grandes dimensions et ont une tendance marquée à
l'ulcération et à la suppuration ; ajoutez à ces caractères
l'œdème, la décoloration des muqueuses, les symptômes généraux et l'examen du malade, et vous aurez alors un ensemble de signes qu'il est difficile de méconnaître.

B. Si nous passons à la syphilis, le diagnostic pourra se
compliquer un peu ; car deux cas pourront se présenter, ou
bien le malade syphilitique est atteint de véritables végétations spécifiques, ou, tout en étant en puissance de cette
diathèse, a-t-il de simples papillomes qui n'ont avec elle
aucun rapport.

Nous pensons que ce dernier cas a dû se présenter bien
des fois, et donner lieu à de nombreuses erreurs qui ont fait
croire un moment à la fréquence des papillomes syphilitiques, qui sont pourtant des complications assez rares de la
syphilis laryngée : nous croyons devoir rapporter à ce
propos l'opinion de quelques auteurs qui ont étudié la question ; c'est ainsi que MM. Krishaber et Mauriac (1), dans un
long article publié en 1875, parlent en ces termes des papillomes spécifiques : « Les tissus hypertrophiés sous l'influence de la syphilis ne régressent plus ; le plus souvent,
au contraire, ils tendent à s'accroître progressivement, et
c'est ainsi que se produit la végétation syphilitique dans le
larynx. Celle de ces productions végétantes qui sont liées
aux ulcérations ne doivent pas nous occuper ici, leur formation a lieu comme dans les ulcérations tuberculeuses
antour des pertes de substances par la condensation et la
prolifération des éléments qui constituent leurs bords.
Mais bon nombre d'auteurs, Trousseau et Belloc, Ver-

(1) Ann. oreil. et larynx, p. 263, 1875.

neuil, Czermak, Turck, ont signalé l'existence des polypes se rattachant à la laryngite syphilitique non ulcéreuse.

« Virchow, Cornil et Ranvier acceptent et expliquent le mode de formation de ces polypes.

« On a vu dans nos observations que l'épaississement des tissus a été constaté fréquemment, nous n'avons pas vu de polypes proprements dits ; mais l'hypertrophie circonscrite persistante déjà dépourvue des caractères d'une inflammation franche ne nous a pas fait défaut. »

Le Dr Simyan (1), dans sa thèse inaugurale, en admettait aussi l'existence, et citait à ce propos une observation du Dr Huguier publiée dans la Gazette des hôpitaux, en 1859.

Toutefois nous devons ajouter que d'autres auteurs, parmi lesquels nous citerons le Dr Fournier (2), ont rejeté d'une façon catégorique l'existence de condylome ou autre végétation syphilitique, admettant tout au plus la possibilité de simples papules, qu'il considère encore comme peu communes. Turck dit aussi n'avoir jamais rencontré de papillome syphilitique. Quant à nous, avec les Drs Fauvel, Mandl, Bœckel et Poyet, et les auteurs précédemment cités, nous dirons que les végétations peuvent être le fait de la syphilis, mais que les véritables papillomes sont fort rares. Aussi, quand on aura l'occasion d'observer des papillomes chez un sujet syphilitique, quel que soit leur siége, il faudra rechercher avec soin l'époque à laquelle le malade aura contracté la vérole, le moment précis où il aura pour la première fois remarqué les troubles phonétiques où autres dont il se plaint ; en un mot voir, si on le peut, la liaison de cause à effet qui existe entre la maladie dont il est atteint et la lésion actuelle.

(1) Simyan. Th. Paris, 1877, p, 14.
(2) Fournier. Leçons sur la syphilis. Paris, 1873.

Après un interrogatoire minutieux, si l'on conserve des doutes sur la nature diathésique des productions morbides, il faudra demander au traitement d'éclairer le diagnostic, puisqu'il n'existe aucune différence même sous le microscope entre les véritables polypes et les papillomes spécifiques.

Si on a sous les yeux de simples condylomes, on se rappellera que les végétations syphilitiques sont en général sessiles et très-rouges, qu'elles donnent beaucoup de sang et reposent sur une muqueuse rouge, tuméfiée, se continuant avec elle sans limite bien appréciable.

IV. — Cancer du larynx.

Nous ne parlerons ici que des néoplasmes prenant naissance dans le larynx lui-même, éliminant par conséquent tous les cancers de voisinage qui, par extension, viennent envahir les voies respiratoires.

Avec le Dr Fauvel, nous dirons que les variétés de cancers que l'on rencontre le plus souvent dans le larynx, sont le cancer encéphaloïde ou médullaire et le cancer épithélial ou épithélioma. On a bien cité quelques observations de squirrhe, mais l'examen histologique n'ayant pas été fait et le diagnostic n'ayant pas été confirmé, elles restent sans valeur scientifique réelle.

Le diagnostic des différents cancers du larynx n'ayant pour nous qu'un importance secondaire, nous ne chercherons pas à l'établir : nous laisserons également de côté les causes obscures qui président à leur formation, ainsi que le siége de prédilection de ces néoplasmes sur lesquels les auteurs ne sont point d'accord, pour nous occuper surtout des signes qui permettent de reconnaître l'existence de cette grave maladie.

Au début, on ne constate qu'une simple hyperémie, un peu de turgescence et d'hypertrophie de la partie du larynx qui va devenir le siége de la lésion. Puis bientôt apparaît une véritable tumeur présentant toujours le même aspect, quelle que soit sa nature (médullaire ou épithéliale). Sa surface, lisse d'abord, est d'une couleur brune quelquefois très-foncée, sa base est large et s'accroît progressivement ; la muqueuse environnante est elle-même devenue plus foncée et de couleur lie de vin souvent caractéristique. Les cartilages cricoïde et thyroïde, subissent aussi bien souvent un travail d'hypertrophie qui les rend durs et immobiles.

Puis arrive une deuxième phase : la surface de la tumeur commence à bourgeonner et se couvre bientôt de pus, de sang et d'ichor cancéreux, au point qu'il est difficile à ce moment de juger exactement de sa coloration. En certains points elle est grisâtre, en d'autres elle est d'un rouge intense et souvent aussi sale et noirâtre (1). D'autres fois une tumeur étant formée, elle s'ulcère, et cette ulcération tend elle-même à détruire la tumeur primitive ; ses bords se couvrent ensuite de nombreuses végétations papillaires qui s'ulcèrent à leur tour, et donnent naissance à de nouveaux bourgeons charnus qui finissent bientôt par combler l'ouverture de la glotte ; et nécessiteront tôt ou tard la trachéotomie.

Ajoutez à tous ces signes objectifs l'œdème rouge, luisant et dur des portions environnantes de la muqueuse laryngée, et vous aurez le tableau du carcinome laryngien arrivée à sa période d'ulcération.

Nous ne parlons point des symptômes, douleur, salivation, fétidité de l'haleine, état général, car ils ne peu-

---

(1) Nous empruntons cette description à l'ouvrage du Dr Fauvel. Ce premier passage se rapporte d'après cet auteur plutôt à l'encéphaloïde, et ce qui vient après a surtout trait au cancer épithélial.

vent par eux-mêmes éclairer le diagnostic. Nous signalerons cependant les hémorrhagies qui, nous le savons, accompagnent en général les cancers. Dans le cas qui nous occupe, les hémorrhagies sont rares, mais elles peuvent cependant exister, soit légères, et les crachats être simplement striés de sang ou gelée de groseille comme dans les cas d'apoplexie pulmonaire, soit abondantes et mériter le nom de laryngorrhagie contribuant à affaiblir le malade par de fréquents retours (1).

Nous ne faisons que mentionner l'engorgement ganglionnaire, dont l'apparition « souvent tardive » (Fauvel) ne permet pas de compter avec lui pour établir le diagnostic.

D'après cet exposé, il est facile de voir que le cancer primitif du larynx pourrait facilement être confondu avec d'autres affections de cet organe, telles que la syphilis, la phthisie laryngée ou même le catarrhe. Nous nous sommes suffisamment étendu sur les caractères de cette dernière affection pour n'avoir pas à y revenir. La confusion ne serait du reste possible que tout à fait au début.

A. Pour ce qui concerne la syphilis, au début du cancer, on pourrait songer à une simple hypertrophie ou à une tumeur gommeuse ; le Dr Isambert (2) cite en effet l'observation d'un malade atteint d'une inflammation chronique des cordes vocales inférieures (chordite inférieure des Allemands) ; ces dernières étaient tuméfiées, mais sans tumeur appréciable. Le malade niait tout antécédent syphilitique mais fut néanmoins soumis au traitement spécifique et au

---

(1) On conçoit en effet que l'organisation d'un caillot soit difficile sur une surface qu'agite à chaque instant les efforts de la toux, occasionnée par la sécrétion de la tumeur et la présence même de ce sang.

(2) Ann. or. et larynx, 1876, p. 17

bout de 8 jours, tout signe de rétrécissement et toute menace de suffocation avaient disparu. Nous avons cru devoir signaler ce fait pour montrer combien le diagnostic peut dans certains cas offrir de difficultés. Nous noterons que dans ce cas particulier, les cordes étaient uniformément tuméfiées, mais n'offraient aucune tumeur, on ne trouve point signalée non plus, la coloration vineuse qui semble appartenir au cancer. Rappelons de plus que le cancer même dans sa première période n'est pas absolument indolore ; même au début, le malade éprouve des douleurs sourdes et intermittentes d'abord, qui deviennent au bout de peu de temps lancinantes et continuelles. Nous ne trouvons rien de semblable dans l'hypertrophie syphilitique.

Quant aux gommes, elles siégent souvent sur l'épiglotte, et dans tous les cas elles présentent une coloration jaune qui n'est pas celle du cancer (Voir pl. II, fig. 6.) ; de plus, elles sont rarement uniques, se montrent sous forme de petits noyaux citrins parsemés en différents points de la muqueuse laryngée. Ajoutons que l'adénopathie syphilitique suit une marche inverse à celle du cancer ; en effet dans le premier cas elle apparaît avec les accidents secondaires, mais n'existe généralement plus quand survient la période tertiaire. Dans le cancer, au contraire, l'engorgement ganglionnaire marque la dernière phase de la maladie. A la période d'ulcération, les bourgeons charnus développés dans l'affection syphilitique sont rares et moins développés, la muqueuse a une teinte générale moins foncée. L'ulcération est entourée d'une auréole carminée qui tranche sur le reste de la muqueuse, ses bords sont indurés, parfois taillés à pic, n'ont point une tendance aussi marquée que dans le cancer à oblitérer l'orifice glottique.

Lennox Browne (1) donnait récemment comme caractère distinctif de ces deux affections, la déformation particulière que détermine le cancer. « L'ulcération, dit cet auteur, commence presque toujours par le bord libre de l'épiglotte, où le tranchant des replis glosso-épiglottiques descend le long de ces derniers, toujours précédée de l'infiltration ; aussi en arrivant au bord du larynx et au moment où elle l'envahit, elle le déplace, et détruit toute ligne de démarcation. Ce changement, ajoute cet auteur, est un des grands caractères qui, durant les premières périodes de la maladie, fera distinguer le cancer d'avec la syphilis, qui n'amène ces difformités qu'à la suite de cicatrisation. »

Isambert signale de plus, dans le cancer intrinsèque, l'hypertrophie en masse du cartilage thyroïde et la forme en bouclier ou carapace de crustacé que prend ce cartilage dont il donne la sensation au toucher. « Mais le signe n'est pas pathognomonique et existe chaque fois qu'il y a nécrose ou carie du cartilage thyroïde pour une cause quelconque » (Fauvel).

B. Dans la phthisie laryngée, l'examen de la poitrine décidera naturellement du diagnostic, car il ne faut pas compter avec les cancers survenant chez des tuberculeux bien que Trousseau et Belloc en aient cité deux exemples, peut-être discutables avec les progrès accomplis par la science depuis l'année 1838. Dans tous les cas, à la période d'ulcération, la muqueuse laryngienne est fortement décolorée ; nous avons vu le contraire exister dans le cancer. Le gonflement de la muqueuse est uniforme et l'infiltration œdémateuse plus marquée, et surtout plus transparente et plus blafarde que dans le cancer où l'œdème est dur et consistant au toucher. Les ulcérations tuberculeuees peuvent offrir des

(1) Lennox Browne. The troat and its deseases. Londres, 1878, p. 266.

saillies arrondies en forme de stalactite, mais ces dernières rosées ou même grisâtres n'atteignent jamais le volume des végétations cancéreuses qui suffisent à elles seules pour oblitérer complétement l'orifice glottique. L'ulcération tuberculeuse gagne le plus souvent en profondeur, dénude les cartilages dont elle détermine la carie et la nécrose ; le cancer au contraire a une tendance marquée à l'hyperplasie. Enfin les ganglions sous-maxillaires et cervicaux finissent toujours par s'engorger dans le cancer, ils sont toujours intacts et s'atrophient même bien souvent dans la tuberculose laryngée. Turck prétend que dans la phthisie laryngée la raucité de la voix devance toujours les douleurs à la déglutition et les céphalalgies, tandis que, en cas de cancer, l'inverse a lieu ; ce symptôme est loin d'être suffisant pour baser son diagnostic, ainsi que les signes psychologiques qui ont été signalés et sur lesquels nous ne nous arrêterons pas. L'ensemble de ces signes suffira la plupart du temps pour reconnaître le cancer du larynx dont on devra souvent faire le diagnostic par exclusion, se rappelant que c'est une maladie très-rare et que la phthisie laryngée est très-commune.

V. — Paralysies.

Nous ne voulons point passer en revue toutes les formes de paralysies du larynx. Nous dirons seulement en quelques mots, à quels caratères on pourra songer à une paralysie dépendant de la syphilis ou de la tuberculose et dans quels cas il faudra rejeter ces deux diathèses. Pour ce qui regarde la description complète des paralysies du larynx, nous renvoyons à la thèse inaugurale du Dr Poyet (1), qui les a

(1) Poyet. Des paralys. du lar. Th. Paris, 1875.

parfaitement étudiées, et qui a exposé clairement leurs différents symptômes.

L'aphonie nerveuse peut quelquefois en imposer pour une phthisie laryngée chez les femmes chlorotiques qui toussent et qui offrent tous les dehors des sujets tuberculeux ; l'absence de signe du côté du poumon ne saurait suffire pour établir le diagnostic, car ils peuvent manquer au début et l'erreur devient alors possible. Les auteurs du Dict. encycl. des sc. médic. (1) citent même un exemple remarquable observé à l'hôpital Saint-Antoine dans le service du Dr Millard, dans lequel une aphonie nerveuse simulait une phthisie laryngée ; mais l'inspection directe du larynx qui montra que l'organe était sain, et l'application d'un courant galvanique vinrent bientôt mettre fin à l'hésitation, puisqu'à la seconde application la voix revint complétement. Ce sont, en effet, les moyens à employer en pareil cas, après avoir constaté l'intégrité absolue de l'organe, il faudra recourir à l'électricité, pierre de touche des aphonies nerveuses.

L'aphonie nerveuse peut également survenir dans le cours de la tuberculisation pulmonaire par le fait même de la débilité générale de l'organisme ; dans ce cas, c'est toujours l'absence de lésion du côté de l'organe vocal qui permet d'éviter l'erreur.

MM. Krishaber et Peter (2) font encore remarquer qu'il est essentiel de ne pas confondre l'aphonie nerveuse survenant dans le cours de la phthisie pulmonaire avec ce symptôme final d'épuisement qui ne permet pas l'émission des sons. Ce n'est point ici une véritable aphonie, c'est plutôt une extinction de voix variant à certains moments de la journée avec les dispositions du moment. Elle est

(1) Gazette hebdomad., 1868, p. 661.
(2) Dict. encycl. des sc. méd. Art. Laryng., p. 664.

due à ce que la colonne d'air, au moment de l'effort vocal, ne passe point avec assez de force à travers les lèvres vocales pour produire des vibrations sonores.

Il est aussi parfaitement reconnu aujourd'hui que la syphilis peut à ses différentes périodes causer des paralysies laryngées (Morell-Mackensie en cite un cas (1), Masseï, de Naples (2) en cite quatre). A la période tertiaire, on comprend aisément qu'une tumeur gommeuse comprimant un des nerfs récurrents suffise pour déterminer la paralysie de la corde qu'il innerve. Mais à la période secondaire, le fait n'est point aussi facile à expliquer : faut-il pour les paralysies laryngiennes, comme pour celles des muscles de l'œil survenant dans les mêmes conditions, invoquer une perturbation nerveuse, ou l'anémie due à la vérole? Nous croyons qu'il vaut peut-être mieux se ranger à la première opinion formulée par le Dr Fournier (3) : « Il est à croire, dit cet auteur, que les paralysies partielles de la période secondaire (hémiplégies faciales, paralysies oculaires, etc.) résultent soit d'une compression exercéesur les filets nerveux en quelque point de leur trajet, notamment dans les conduits ostéo-fibreux qu'ils traversent, soit d'une lésion même de leur tissu, soit d'une cause matérielle quelconque encore inconnue. S'il en était autrement, comment expliquer la circonscription parfaite et rigoureusement anatomique de ces paralysies? »

Les paralysies syphilitiques se reconnaîtront, sans parler des antécédents spécifiques du malade, dont il faudra s'enquérir, 1° à ce que ces paralysies sont presque toujours

---

(1) Morell-Mackensie. De la raucité et de la perte de la voix. Londres, 1868.

(2) Massei. Statistica degl'infermi di malattie di gola. Napoli, 1872.

(3) Fournier. Loc. cit.

unilatérales. Le Dr Libermann, dans ses conférences cliniques à l'hôpital du Gros-Caillou, disait de plus que les paralysies syphilitiques du larynx, toujours unilatérales, semblaient avoir une prédilection marquée pour la corde gauche (1). Le fait avait du reste été déjà signalé par d'autres observateurs. On reconnaît la corde atteinte de paralysie à sa position et son immobilité. Elle est généralement saine et occupe la ligne médiane comme une perpendiculaire abaissée du sommet à la base du triangle glottique ; elle paraît plus courte et plus étroite que sa congénère ; de plus le cartilage aryténoïde de ce côté semble avoir basculé en avant, et empêche de voir le quart postérieur de la corde paralysée.

Le larynx est sain dans toutes ses parties comme dans les paralysies nerveuses ; mais dans le cas de syphilis, l'électricité n'a pas d'action, surtout au début. Les autres symptômes sont la voix bitonale, une toux rauque assez intense, jamais d'aphonie.

Dans l'hystérie, le pharynx est généralement insensible, la paralysie est double et l'aphonie complète. Pendant la phonation, les deux cordes circonscrivent une ellipse dont les deux extrémités seraient effilées. Enfin l'électricité toute puissante opère de véritables miracles.

Dans le catarrhe laryngo-bronchique, les cordes sont rouges et un peu tuméfiées, il en est de même du reste de la muqueuse laryngienne. On trouve en outre les autres symptômes de cette maladie.

Nous ne parlerons point des paralysies diphtéritiques ou de celles que détermine la compression exercée par une tumeur. Une fois cette dernière cause élucidée, il ne res-

---

(1) Turck, dans son livre, cite également un exemple de paralysie syphilit. où la corde vocale inférieure gauche et le moteur oculaire de ce côté étaient atteints.

tera à établir que le diagnostic de la nature du néoplasme, et savoir si on a sous les yeux une gomme, un anévrysme ou toute autre tumeur.

VI. — Scrofules du larynx.

On comprendra que nous ne nous étendions pas longuement sur les lésions de la scrofule du côté de l'organe vocal ; les manifestations laryngées de cette diathèse étudiées pour la première fois, il y a quelques années à peine, par Isambert et Fauvel, sont encore trop peu connues pour qu'on puisse leur assigner des caractères définitifs. Le nombre d'observations de lupus du larynx est assez restreint pour que l'on puisse regarder cette affection comme ort rare, à moins que l'attention des auteurs n'ayant pas encore été portée de ce côté, la scrofule de cet organe soit passée inaperçue : c'est ce que l'avenir nous apprendra.

Turck (1) dit en avoir observé quatre cas. M. Georges Lefferts (2) en rapporte aussi une observation à laquelle il faut ajouter celle de M. Beringier (3), publiée en 1878. Ce sont à peu près les seuls faits rapportés avec quelques détails jusqu'à ce jour. C'est donc de ces quelques observations que nous déduirons les signes et les symptômes qui semblent faire le propre de cette manifestation laryngée.

Nous devons dire, avant tout, que chez la plupart des malades cités par les auteurs, il y avait existence de lupus de la peau ; le pharynx était toujours plus ou moins atteint par la maladie, et présentait un aspect particulier que nous ne saurions passer sous silence. Les bords du voile du

(1) Turck. Loc. cit.
(2) Georges Lefferts. Ann. mal. oreil. et larynx, 1878., p. 224,
(3) Beringier. Ann. mal. oreil. et larynx, 1878, p. 174.

palais, les piliers, la luette, étaient le siége d'une hypertrophie considérable et parsemés de *granulations charnues*, de nodules et de tuméfactions partielles qui donnaient à ces parties un aspect irrégulier spécial, qui reste à jamais gravé dans la mémoire de ceux qui ont eu l'occasion de les observer. En d'autres parties, on voyait de petits points blancs et de petites ulcérations superficielles ; quelquefois la base de la langue offrait aussi ces mêmes caractères, dans d'autres cas elle était simplement hypertrophiée (1).

Du côté du larynx, voici les lésions observées ; avec le gonflement notable que subit toute la membrane muqueuse de cet organe, on trouve généra'ement une tuméfaction notable de l'épiglotte. Elle est dure, immobile, et présente un aspect granuleux et végétant, qui rappelle celui du pharynx et du voile du palais. On voit aussi sur ce fibro-cartilage ainsi que dans tout le reste du larynx de nombreuses ulcérations dont les bords livides et indolents revêtent des caractères spéciaux difficiles à décrire. Parmi les symptômes généraux, nous signalerons l'engorgement des ganglions du cou, qui subissent l'influence du travail inflammatoire et tendent à suppurer ; ce fait, cité par le Dr Isambert (2) dans une observation rapportée par lui dans les Comptes-rendus de la Société médicale des hôpitaux de Paris,

(1) Le Dr Fauvel nous a communiqué une observation inédite avec dessins coloriés exécutés par Lackerbauer, et nous a dit qu'il avait vu à l'hôpital Saint-Louis, dans le service du Dr Hillairet, trois malades atteints de lèpre et présentant à l'examen laryngoscopique tous les signes de la scrofulose laryngée. Ces malades sont pris à la longue d'accidents de suffocation qui nécessitent la trachéotomie. Leur existence se trouve ainsi prolongée de quelques années, la maladie gagne ensuite la trachée, les bronches et l'asphyxie survient au bout d'un temps plus ou moins long.

(2) Isambert. Comptes-rendus, Soc. méd. hôpit. Paris, 25 octobre 1872.

n'a pas été relevé dans les observations dont nous avons parlé plus haut. Il paraît cependant naturel de trouver des tumeurs ganglionnaires du cou chez les gens atteints de manifestations scrofuleuses du larynx, puisque nous savons combien les inflammations ganglionnaires sont fréquentes dans cette diathèse.

La présence de ces ganglions, si leur existence est bien avérée, suffira presque à elle seule pour éloigner l'idée d'une phthisie laryngée, dans laquelle les engorgements ganglionnaires du cou sont une complication des plus rares. De plus, dans cette maladie, si le pharynx est le siége de quelques manifestations de la diathèse tuberculeuse, on ne trouve guère que des ulcérations ; l'épiglotte est gonflée, mais unie et finement granulée. Les ulcérations phymiques du larynx sont enfin accompagnées d'œdème blafard et d'une décoloration des tissus spéciale à cette affection.

Le diagnostic de la syphilis pourra offrir beaucoup plus de difficultés, d'autant plus que beaucoup d'auteurs rejettent l'affection purement scrofuleuse de la gorge, et ne veulent voir dans ces lésions qu'un mélange de syphilis et de scro-fule. Ce serait pour ces derniers des manifestations syphi-litiques chez un strumeux, un scrofulate de vérole, comme l'appelle Ricord. Aussi les limites respectives de ces deux diathèses deviennent difficiles à établir, puisqu'elles se confondent en une même manifestation. Nous serions porté à pencher en faveur de cette dernière opinion, car nous savons que les lésions les plus semblables à elles-mêmes peuvent, suivant le terrain ou elles se développent, présenter des caractères spéciaux qui créent parfois des difficultés au diagnostic.

M. Georges Lefferts (1) dans un travail publié en 1878 donnait comme signe distinctif entre ces deux laryngopa-

(1) Georges Lefferts. Loc. cit.

thies l'ulcération unique de la syphilis, ulcération, disait-
il, le plus souvent circulaire, avec des bords taillés à pic
et souvent profondément excavés. Il n'y a pas, disait-il,
d'hypertrophie générale des tissus, pas d'érosions superficielles, ni d'excroissances charnues comme dans le lupus.
Il peut arriver que, dans les cas types, l'ulcération syphilitique offre tout les caractères décrits par cet auteur, mais
nous savons que les végétations sur les bords d'ulcérations
syphilitiques ne sont point un fait rare. On peut aussi
avoir sous les yeux de vastes pertes de substance avec suppuration des tissus, et de graves désordres qu'il pourrait
être fort difficile de rapporter à la syphilis ou à la scrofule,
si le pharynx est en même temps le siége d'altérations. On
se rappellera toutefois combien sont rares les manifestations
de la scrofule du côté du larynx ; on recherchera avec soin
la présence des petites granulations précédemment décrites ; enfin, ici encore, l'adénopathie strumeuse sera un
élément précieux de diagnostic.

Nous n'avons point parlé des autres symptômes généraux, toux, expectoration, phonation, et douleur, qui ne
présentent aucune particularité digne d'être signalée, que
l'on ne puisse retrouver dans la syphilis ou la phthisie
laryngée.

Nous ne parlerons que pour mémoire de l'*herpès du
larynx* dont M. Fernet (1) a fait récemment, à la Société
de chirurgie, une communication, reproduite par la
France médicale. Il s'agissait d'un *tuberculeux* qui fut
pris de diarrhée, de coryza, de picotement dans les yeux
et dans la gorge, chez lequel on reconnut la présence de
vésicules d'herpès sur les différents points du tronc, sur

____

(1) Fernet. Journ. méd. et chir. prat., mars, 1879.

les muqueuses accessibles à la vue et en particulier sur la muqueuse aryténoïdienne. Le fait, à peine soupçonné, n'avait pas encore été signalé ou plutôt constaté directement. Il a cependant une certaine importance, puisque M. Fernet fait remarquer que certains exsudats pseudo-membraneux englobés sous la dénomination commune de croup et considérés comme de nature diphthéritique, ne sont peut-être que des éruptions d'herpès dans le larynx. Nous laissons aux observateurs le soin de vérifier la justesse de cette hypothèse. Mais nous avons cru devoir faire mention de ce fait, qui s'était produit chez un tuberculeux, car si l'éruption n'eût pas été généralisée à toutes les muqueuses, elle aurait pu singulièrement compliquer le diagnostic, et faire peut-être penser à la formation de petits abcès ou de toute autre lésion.

DEUXIÈME PARTIE

Syphilis et phthisie laryngées.

Avant de commencer la deuxième partie de ce travail, nous croyons devoir exposer en quelques mots la façon dont nous allons·procéder pour établir les caractères qui distinguent la syphilis et la phthisie laryngée. Pour ce qui concerne la première de ces affections, nous passerons d'abord en revue les accidents laryngés de la période secondaire, puis ceux de la période tertiaire. Bien que nous employions parfois les expressions laryngites syphilitiques secondaires et tertiaires, nous ne voulons établir aucun rapport chronologique entre les éruptions cutanées et les manifestations de cette diathèse du côté du larynx ; nous pensons même qu'elles sont absolument indépendantes les unes des autres : cette distinction est surtout basée sur l'apparition plus ou moins tardive des accidents et sur leur caractère de bénignité (1). Nous préférons ces dénominations classiques à celles de laryngites ulcéreuses et non ulcéreuses proposées par le Dr Ferras (2) dans sa thèse inaugurale ; elles ont en effet l'inconvénient d'amener une con-

---

(1) On a bien cité quelques cas dans lesquels l'ulcération de la muqueuse a existé dans les manifestations précoces de la syphilis, pendant la période secondaire, mais nous pensons, appuyé sur l'autorité de bon nombre d'auteurs, que les lésions graves (ulcérations destructives, œdème, rétrécissements) sont plutôt le fait des syphilis anciennes et invétérées (Fauvel, Isambert) et appartiennent à la série des accidents tertiaires.

(2) Ferras. Th. Paris, 1872. De la syphilis laryngée.

fusion fâcheuse dans la question. Nous verrons dans le cours de cette deuxième partie de notre travail quels sont les accidents que nous comprenons sous le titre de laryngites secondaires et tertiaires.

Pour ce qui concerne la tuberculose, nous savons que les auteurs ne sont point d'accord sur la classification à adopter. MM. Krishaber et Peter (Dict. encyclop. sc. médec., art. Larynx) admettent trois formes de phthisie laryngée :

1° Une phthisie laryngée initiale.

2° Une phthisie laryngée consécutive.

3° Une phthisie laryngée ultime.

M. le Dr Fauvel (1) de son côté rejette absolument ces divisions. « Pourquoi avoir créé une classification de phthisie laryngée ; avoir créé les dénominations de *vulgaire, granulée, initiale, consécutive, ultime,* etc. ? Le fait exact dégagé de toute discussion oiseuse, c'est que la muqueuse laryngée peut être le siége de granulations tuberculeuses, etc. »

M. le professeur Jaccoud (2) ne s'attache qu'aux formes cliniques de la maladie et distingue : la tuberculose laryngée ou phthisie laryngée primitive et la laryngite des tuberculeux ou consécutive. Comme nous ne voulons point faire ici l'étude complète de la phthisie laryngée, mais seulement la comparer avec la syphilis de l'organe vocal, *nous n'envisagerons que les périodes* de ces deux affections.

Nous passerons d'abord en revue les symptômes de ces deux maladies à toutes leurs périodes, nous étudierons ensuite et nous ferons le parallèle de la phthisie laryngée au début et de la syphilis secondaire; puis dans un dernier cha-

(1) Fauvel. Gazet. hôpit., 1878, 19 mars.
(2) Jaccoud. Loc. cit., p. 766.

pitre, nous nous occuperons de la syphilis tertiaire et de la *phthisie laryngée à sa période, ulcérative et nécrosique.*

Nous faciliterons ainsi notre tâche, et, sans nuire à la clarté du sujet, nous n'oublierons pas non plus de signaler quand il le faudra les différentes formes de phthisie laryngée que nous mettrons en parallèle. Le tableau synoptique suivant contient le plan que nous allons suivre dans cet ex-

LARYNGITE SYPHILITIQUE.	PHTHISIE LARYNGÉE.
Symptômes communs à toutes les périodes des deux affections.	Voix. Toux et expectoration. Douleur. Respiration. Haleine, salivation. Adénopathie. Phénomènes généraux.
Période secondaire : Erythème, roséole. Plaques muqueuses. Œdème du début. Hyperplasie inflammatoire. Paralysie, dysphonie.	Période catarrhale : Catarrhe du début. Erosions catarrhales. Congestion. Gonflement inflammatoire. Aphonie.
Période tertiaire : Tubercules. Syphilomes (gommes). Ulcérations, carie, nécroses. Végétations syphilitiques. Cicatrices.	Période ulcéreuse et nécrosique : Infiltration tubercul. Ulcération, carie ; nécrose. Végétations phymiques. Œdème.

CHAPITRE PREMIER.

Symptômes communs à la syphilis et à la phthisie laryngées.

Avant de passer successivement en revue les caractères de la voix, de la toux, de la douleur, etc., etc., spéciaux à chacune des complications laryngées de ces deux diathèses, nous devons dire, que la distinction sera souvent difficile à établir, tellement les différents symptômes de ces maladies offrent parfois de points de ressemblance, et que l'on ne pourra se baser même sur l'ensemble des signes extérieurs pour porter son diagnostic.

1° *Voix.*

a. Certains auteurs avaient essayé de démontrer que la vérole imprimait à la voix des modifications tout à fait spéciales, mais il faut reconnaître que souvent les troubles vocaux dépendant de lésions syphilitiques, diffèrent à peine de ceux qu'on observe dans les autres catarrhes du larynx, quelle que soit la nature de ces derniers. On peut observer des cas où, suivant les altérations qui occupent le larynx (érythème, hypertrophie, hyperémie), la voix présente un certain nombre de caractères bien décrits par Diday (1) et variant depuis la raucité syphilitique (raucedo syphilitica) signalée par Virchow (2) jusqu'à l'aphonie la plus complète.

Sans éprouver les symptômes d'un coryza ou d'une angine, 5 ou 6 mois après l'infection primitive, quelquefois beaucoup plus longtemps après, le malade s'aperçoit qu'il ne peut plus émettre son volume de voix habituel (3). Le

(1) Diday. Gaz, méd. de Lyon, 1860.

(2) Virchow (*Loc. cit.*).

(3) Les chanteurs surtout éprouvent ces troubles vocaux auxquels ils attribuent nne importance très-justifiée, mais qu'ils ne remarqueraient même pas s'ils ne faisaient usage que de la voix parlée. Tantôt comme dans le simple catarrhe, ils perdent une ou plusieurs notes d'un registre ; d'autres fois, l'étendue de leur voix se restreint considérablement ou le timbre perd de son expression, devient impur, et n'a plus ces admirables nuances qui font tout son attrait.

timbre en est modifié et revêt soit un caractère de *raucité*, de *dureté* tout à fait particuliers (enrouement, dysphonie), ou d'autres fois est réduit à un simple souffle, mais la prononciation dans ces cas reste toujours claire et distincte.

A quoi faut-il attribuer ces troubles de phonation, que presque jamais les lésions vues au laryngoscope ne peuvent suffire à expliquer ; d'autre part, comment ces troubles existent-ils à peine, quand l'état du larynx semblerait les impliquer ? Faut-il y voir le fait de l'inflammation qui détermine des troubles d'innervation et de contraction musculaires ? Nous le croyons, en raison surtout des changements rapides qui surviennent dans cette fonction, sans cause appréciable et sans grande variation dans l'état de la muqueuse. L'aphonie peut encore être due à la simple tuméfaction des replis thyro-aryténoïdiens qui, gonflés, appuient sur les cordes vocales et les empêchent de vibrer.

b. Dans la phthisie laryngée, on observe au début l'enrouement du catarrhe simple dont il est impossible de le distinguer.

Le malade ne perd que ses notes élevées, puis la voix devient rauque, éteinte et chuchotée ; mais la marche de l'affection est bien différente suivant que l'on a sous les yeux une phthisie laryngée primitive ou une laryngite secondaire (laryngite des tuberculeux). Dans ces derniers cas, en effet, les troubles vocaux se produisent rapidement et revêtent presque d'emblée la forme intense. Lorsque la tuberculose pulmonaire et laryngée marchent de pair, les troubles phonétiques surviennent comme dans le premier cas avec plus de lenteur.

Souvent les lésions de la muqueuse suffisent largement pour expliquer tous les troubles apportés dans la phonation, mais on rencontre également, dans cette affection, des cas où l'on doit chercher ailleurs l'explication du fait : Invoquerons-nous ici, comme nous l'avons fait pour la syphilis, l'inflammation et les troubles qu'elle apporte dans l'innervation et la contraction musculaire? Au début du catarrhe laryngien diathésique, c'est en effet la seule cause que l'on puisse invoquer (1), mais lorsque l'inflammation a pris un caractère chronique, lorsque le larynx semble peu altéré, et que cependant la voix est restée, soit enrouée, soit même éteinte, nous croyons pouvoir les attribuer aux altérations musculaires signalées récemment par Fränkel (2) dans un travail dont nous avons trouvé l'analyse dans la Revue d'Hayem (Rev. scienc. médic., 1878, t. II), et dont nous avons extrait le passage suivant :

« On observe rarement dans la laryngite des phthisiques des lésions des cordes vocales, ou si les lésions existent, elles sont insignifiantes et permettent à peine d'expliquer l'altération persistante de la voix. Mais si au lieu de borner ses recherches à la superficie de l'organe phonateur, on examine les parties sous-jacentes, surtout les muscles, on trouve une altération marquée des corpuscules musculaires, de la substance musculaire et du périmysium interne à l'exclusion du sarcolémne. Il s'agit en somme d'une atrophie de la fibre musculaire et la laryngite des phthisiques serait selon l'expression populaire, une véritable faiblesse de voix. »

D'après ce même auteur, ces altérations peuvent se produire de deux façons :

(1) On observe souvent chez les tuberculeux un enrouement pouvant aller jusqu'à l'aphonie, on croit avoir à faire à un catarrhe laryngien où à des ulcérations. J'ai démontré (Allemagn. Wien. méd. Zeit., 1860, n° 8, 21 février) qu'il n'en est rien et qu'il n'y a là que des troubles d'innervation. (Turck. Loc. cit., p. 7.)

(2) Fränkel. Ueber pathol. Veränderungen der Kehlkopfmuskeln beï Pht. (Archiv. für Path. anat. und Phys., t. LXXI, p. 261).

« 1° Par résorption de la masse musculaire finement granulée qui remplit le sarcolemme (dégénérescence granuleuse des auteurs), cette masse granuleuse peut venir directement de la transformation de la substance contractile en masse, ou de la transformation des cellules musculaires préalablement proliférées.

« 2° Par des désordres de nutrition, qui sont eux-mêmes déterminés par la prolifération abondante des éléments du tissu conjonctif dans l'intérieur des muscles, et par la compression consécutive des faiceaux musculaires primitifs. »

Quelquefois on observe une particularité qui a peu d'importance scientifique, mais qui paraît insolite, c'est de voir des malades complétement aphones, et parvenus au dernier terme de la maladie, émettre un son plus ou moins désagréable qui rappelle une voix discordante, et qui est dû aux vibrations imprimées par les malades à des lambeaux de muqueuse flottant dans l'intérieur du larynx (1).

2° *Toux et expectoration.*

A. Pendant les premières phases des laryngopathies syphilitiques (période secondaire), la toux et l'expectoration, ainsi que nous avons déjà eu l'occasion de le dire, sont rares.

On a pourtant signalé des stries hémoptoïques dues, soit, aux plaques muqueuses (Gerhard et Roth), soit, comme dans

---

(1) Nous avons vu un malade qui, par un mécanisme bizarre, faisait entendre des sons de ce genre, produits par les vibrations de l'épiglotte, laquelle affectait une position vicieuse et se trouvait renversée en arrière ; elle formait ainsi une espèce de glotte avec les aryténoïdes dont la muqueuse était considérablement gonflée (Krishaber et Peter. Dict. encyclop. sc. méd., t. I, 2ᵉ série, p. 653).

le catarrhe simple, à une rupture vasculaire due à l'inflammation, hypothèse qui nous semble plus admissible.

Lorsque surviennent les manifestations tardives, les accidents tertiaires de la vérole, les ulcérations, la toux existe alors, suivie d'expectoration muco-purulente ou purulente, on peut même y retrouver des débris de muqueuse ou des fragments des cartilages nécrosés (voir observ. n° 48).

On y voit souvent des stries sanguines, dont on avait voulu faire le propre de la laryngite syphilitique, mais qui n'ont aucune valeur réelle. Enfin, lorsqu'il une laryngosténose à un degré plus ou moins avancée, la toux prend alors le caractère étouffé qu'elle possède dans l'œdème de la glotte, elle est suivie d'inspiration sifflante et d'accès de suffocation qui rappellent ceux de la laryngite striduleuse, l'expectoration elle même modifiée devient visqueuse et filante comme du blanc d'œuf « elle rappelle celle de l'asthme et de la coqueluche » (Lennox Browne (1) p. 215.)

B. Dans la *phtisie laryngée*, la toux est fréquente, lorsque la maladie du larynx est symptomatique de tuberculose pulmonaire ; mais elle est rare et fait même complétement défaut dans la laryngite primitive, alors que les poumons ne sont point encore atteints par la maladie (2).

Plus tard elle revêt un caractère particulier, décrit par Trousseau et Belloc (3) sous le nom de *toux éructante*, expression fort juste, puisqu'il semble en effet que le malade

---

(1) Lennox Browne. Loc. cit.

(2) MM. Krishaber et Peter (Dict. encycl. sc. méd., t. I, 2ᵉ série, p. 653) citent l'exemple d'un homme de 58 ans, chez lequel on avait constaté une destruction partielle de l'épiglotte, et le gonflement des cartilages aryténoïdes ; et chez lequel les lésions pulmonaires ne survinrent que cinq mois plus tard, et qui jusqu'à cette époque n'avait jamais toussé ; ce symptôme ne se déclara que parallèlement à l'évolution de l'affection pulmonaire.

(3) Trousseau et Belloc. Loc. cit., p. 173.

se livre à des efforts d'éructation. On se rend parfaitement compte de ce phénomène si l'on se rappelle que l'occlusion normale de la glotte pendant la toux, ne peut s'effectuer chez les tuberculeux porteurs de lésions laryngiennes avancées : Le gonflement et les ulcérations de la muqueuse d'une part, l'immobilité fréquente des replis thyro-aryténoïdiens et des cartilages aryténoïdes de l'autre , tout en rétrécissant l'ouverture glottique, empêchent son occlusion, et pendant les efforts de la toux une certaine quantité d'air passant à travers l'orifice mal clos, au lieu de faire vibrer brusquement les cordes vocales, produit un bruit sourd à travers ces muqueuses déchiquetées et ramollies qui ne peuvent s'opposer à sa sortie.

La toux du reste varie avec la voix ; c'est ainsi qu'elle peut être *rauque*, *déchirée*, *saccadée* ou *éteinte*, mais sa fréquence ne dépend presque toujours que de l'état des poumons.

Parfois le malade éprouve dans la gorge des picotements ou autre sensations analogues qui le forcent à tousser, et lui occasionnent même des quintes assez violentes ; mais la plupart du temps, dans ces cas, la maladie pulmonaire et la laryngite évoluent rapidement et mènent en peu de temps le patient à la mort.

L'expectoration simplement muqueuse ou presque nulle au début de la phthisie laryngée primitive, ressemble bientôt de tous points à celle de la phthisie pulmonaire, et ne tarde pas à devenir abondante, reconnaissant alors une triple origine : les poumons, la trachée et le larynx. Rhühle dit « avoir été assez heureux » pour reconnaître à l'examen microscopique les crachats venant du poumon ; mais nous pensons qu'il faudra se borner à rapporter au larynx les stries sanguines qu'ils pourront contenir sans préjuger en rien de leur valeur intrinsèque. A la période ulcérative de la phymie laryngée, l'expectoration ne diffère point de celle de la syphilis. On a signalé de véritables hémorrhagies laryngiennes se produisant sans toux concomitante, pendant lesquelles la voix est voilée, mais l'examen de la poitrine ne décèle aucun bruit anormal et le laryngoscope au contraire, montre le lieu d'origine de l'hémoptysie (1).

3° *Douleur*.

Nous avons à distinguer la *douleur spontanée* et la *douleur provoquée*.

A. La première n'existe pas dans la laryngite syphilitique, les malades éprouvent à peine, dans quelques cas, une sensation de corps étranger, dont ils se préoccupent du reste fort peu, au point que l'absence de douleur dans la laryngite syphilitique est une des causes de la négligence que mettent les malades à soigner leur affection. On a toutefois signalé dans les dernières phases des laryngopathies syphilitiques, des douleurs nocturnes occupant le larynx, mais elles se montrent assez rarement.

La douleur n'est pas non plus provoquée par la phonation et la toux ; la gêne de la déglutition peut exister, et même

(1) M. le Dr Fauvel, dont on connaît l'autorité scientifique en pareille matière, nous communique la note suivante :

« Jamais de laryngorrhagie dans la tuberculose ; je n'en ai jamais vu et j'ai donné les causes anatomiques dans mes articles de la Gazette des hôpitaux. Le sang qu'on voit au laryngoscope dans le larynx est du sang qui ne vient pas de la muqueuse laryngée, mais qui s'y est collé au passage ; il suffit de l'enlever à l'aide d'une éponge et l'on voit qu'il n'y a pas de suintement sanguin à l'endroit où adhérait un filet ou un caillot de sang venus évidemment de plus loin.

cette dernière devenir douloureuse, mais il est très-rare que
la douleur se propage du côté des oreilles : le fait a été
néanmoins signalé, mais il existait des plaques muqueuses sur les amygdales et une inflammation de ces parties,
qui suffisaient à elles seules pour expliquer les irradia-
tions douloureuses (1). La dysphagie n'est pas commune,
mais la *pression* sur la région thyroïdienne ou sur les
autres parties du larynx est en général douloureuse, surtout lorsqu'on appuie au niveau des ulcérations.

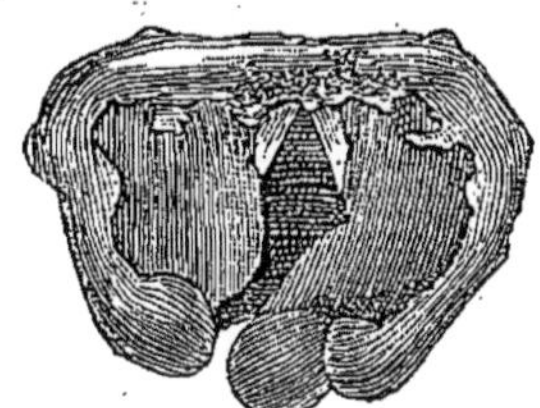

FIGURE 1.

Nous donnons ici (figure 1) l'image du larynx d'une
femme âgée de 47 ans (observation prise à la clinique du
Dr Fauvel dont l'épiglotte a été autrefois couverte d'ulcérations et dont l'organe vocal tout entier était le siége
d'œdème, de gonflement, d'ulcérations au point que la
trachéotomie devenait nécessaire. La malade atteinte de
syphilis guérit parfaitement sous l'influence du traitement
spécifique. Aujourd'hui l'épiglotte n'existe plus ; on voit à
sa place de larges bandes de tissu cicatriciel, blanc nacré ;
les cordes supérieures recouvrent encore les inférieures
qui paraissent saines.

Interrogée au point de vue de la déglutition, la malade

____

(1) Nous avons eu l'occasion de voir des syphilitiques qui, avec
une épiglotte profondément ulcérée et constamment en contact avec
les aliments, avalaient facilement solides et liquides, éprouvant à
peine un peu de gêne pendant l'acte de la déglutition.

nous apprend qu'elle a été gênée pendant qu'existaient les ulcérations ; aujourd'hui, lorsqu'elle boit les liquides, elle fait deux mouvements de déglutition pour chaque gorgée ; sinon elle éprouve aussitôt un besoin de tousser analogue à celui que chacun de nous éprouve « en avalant de travers ». Les solides passent sans lui causer la moindre gêne.

Ce fait est un exemple frappant des désordres que peut laisser après elle la syphilis du larynx et du peu de douleur que provoquent les manifestations laryngées de cette diathèse. La déglutition a été gênée, mais jamais réellement douloureuse.

B. Dans la phthisie laryngée, la *douleur spontanée* est celle du catarrhe simple et consiste en une sensation de picotement à l'arrière-gorge ; l'ulcération ne devient douloureuse que lorsqu'elle gagne les bords latéraux ou la base de l'épiglotte, car *il est constant que les ulcérations intra-laryngiennes sont absolument indolores.* Ce fait avait été relevé par Trousseau et Belloc (*loc. cit.*, p. 176), qui font judicieusement remarquer que bien des malades ayant souffert au début de la phlegmasie ont cessé de souffrir quand la membrane muqueuse et les cartilages étaient entièrement ravagés par l'ulcération qui avait aussi détruit les nerfs. Andral est aussi affirmatif (1) : « La laryngite chronique des phthisiques est le plus ordinairement indolente. Interrogez les malades, chez lesquels on trouvera après la mort le larynx ulcéré et le plus gravement désorganisé, la plupart affirmeront qu'ils ne ressentent tout au plus qu'un peu de gêne ou de chaleur à la gorge, et ce n'est véritablement que dans des cas exceptionnels qu'ils accusent une véritable douleur. Dans quelques cas,

____

(1) Clin. Médic., Paris, 1840.

l'ouverture du cadavre ne démontre pas d'autre lésion que chez ceux qui n'ont jamais souffert du larynx. Cette fréquente absence de douleur est un phénomène d'autant plus remarquable que le larynx à l'état sain est le siége d'une exquise sensibilité. Dans quelques cas exceptionnels, la douleur existe assez vive et continuelle, devenant une cause de malaise général : c'est lorsque les lésions de l'organe vocal marchent de pair avec celles du poumon et parcourent rapidement leurs périodes. »

Les *douleurs provoquées* par les différentes fonctions du larynx ont été beaucoup moins observées des anciens. Andral dit avoir rencontré « par exception » la douleur à la déglutition, chez certains malades. Trousseau et Belloc rapportent que des sujets atteints de laryngite tuberculeuse ne souffrent qu'en avalant et chez eux, ajoutent-ils, il n'y a de réellement atteint que le pharynx. Il nous serait difficile d'admettre, en ce point, l'opinion de ces éminents cliniciens : il est en effet bien avéré aujourd'hui que la déglutition est douloureuse au moins chez la moitié des tuberculeux atteints de laryngite diathésique et gênée chez les autres malades. Cette douleur offre des caractères spéciaux qu'a du reste signalé M. le professeur Jaccoud dans son livre (*loc. cit.*, p. 775, t. Ier) sur la remarque de notre maître, le D^r Ch. Fauvel (1).

Les malades se plaignent en effet de douleur du côté de l'organe vocal, lorsqu'ils accomplissent un mouvement de déglutition, mais celles qui leur sont les plus insupportables et pour lesquelles ils implorent le secours de notre

---

(1) Nous ferons remarquer qu'il faut établir une distinction au point de vue de la douleur, entre la laryngite tuberculeuse sus-glottique et la laryngite tuberculeuse glottique. Autant la première est accompagnée de phénomènes douloureux, autant la seconde en présente peu et rarement. (Fauvel.)

art, ce sont les *douleurs d'oreilles*, si vives et si aiguës, que pendant qu'ils avalent, ils portent la main vers l'oreille dont ils souffrent, la compriment, pour tâcher d'atténuer le mal qu'ils éprouvent. Bien plus, ainsi que nous avons eu le malheur de le constater chez un de nos meilleurs amis mort de phthisie pulmonaire avec complication laryngée, les malades refusent parfois de s'alimenter, ils n'osent essayer de boire malgré la soif ardente qui les tourmente. La salivation abondante due à l'inflammation du larynx est encore pour eux un renouvellement de douleur qu'ils redoutent beaucoup. Ces malheureux ordinairement pleins d'espoir, quand la tuberculose pulmonaire seule les entraîne, ne se font guère plus d'illusion sur le sort qui les attend, lorsque le larynx est devenu le siége de ces phénomènes douloureux.

La douleur du larynx à la déglutition trouve son explication toute naturelle dans les déplacements qu'imprime à cet organe l'accomplissement de l'acte qui consiste à avaler, et dans le passage des aliments sur des surfaces enflammées et souvent ulcérées ; mais comment expliquer la propagation des phénomènes douloureux vers l'oreille située du côté où l'on constate l'œdème et les ulcérations laryngées. M. Deel (1), dans sa thèse inaugurale, les rapportait à l'angine glanduleuse concomitante arrivée à son plus haut degré et provoquant une inflammation des trompes d'Eustache autour desquelles existe un grand nombre de glandules.

Le Dʳ Beverley Robinson (2), dans un article publié en 1876, explique la connexion qui existe entre l'oreille et le larynx par la présence de la branche sensitive, l'auricu-

(1) Deel. Th. Paris. 1872, p. 25.
(2) Americ. Journ., juillet 1876.

laire fournie par le ganglion supérieur du nerf vague. « Cette branche, dit l'auteur, décrite pour la première fois par Arnold, envoie deux petits filets au conduit auditif et un troisième filet mentionné par M. Sappey qui se distri bue à la membrane du tympan. La sensation douloureuse, dont l'origine viendrait du larynx, serait alors réfléchie et propagée jusqu'à l'ouïe, par les filets sensitifs que renferme le pneumogastrique.» Cette dernière interprétation nous paraît expliquer d'une manière complète la transmission douloureuse dont nous venons de parler, et c'est à elle que nous nous rallions.

Enfin, peut-on savoir dans quels cas la déglutition sera difficile? Malgré quelques faits négatifs cités par les auteurs, malgré les expériences physiologiques, il paraît certain qu'il n'existe de véritable difficulté à la déglutition que lorsque l'épiglotte est le siége d'ulcérations, de perte de substance ou lorsqu'elle affecte des positions vicieuses qui l'empêchent de remplir ses fonctions d'opercule (Jaccoud, Krishaber et Peter). Toutefois nous ferons une restriction à ce sujet, car on rencontre des cas où l'épiglotte étant très-saine, la déglutition était très-difficile, très-douloureuse, ce qui s'expliquait par le gonflement, l'ulcération de la muqueuse aryténoïdienne, surtout quant cette muqueuse était très-œdématiée « du côté gauche » (Fauvel).« L'œdème de la moitié droite du larynx peut être considérable et ne pas amener de dysphagie ou très-peu, et c'est le contraire quand l'œdème siége du côté gauche, ce qui s'explique facilement quand on songe que l'œsophage a son entrée du côté gauche de la trachée (1). »

La phonation peut dans certains cas ne pas causer de véritables douleurs aux malades, qui ont du reste une voix

(1) Ch. Fauvel. Communication orale.

chuchotée plutôt que parlée, mais dans bien des cas l'action de parler devient très-douloureuse.

La toux elle-même, dans les cas où la phonation est douloureuse, cause aux patients de véritables tourments ; elle détermine de véritables douleurs, au point que les malades évitent le plus possible de tousser.

La pression n'est généralement pas douloureuse dans la phthisie laryngée, on peut impunément appuyer le larynx contre la colonne vertébrale sans produire de douleur véritable, le malade éprouve à peine un peu de gêne. Aussi sommes-nous fort étonné de voir M. Bordenave dans sa thèse inaugurale avancer le fait que la pression sur le larynx et sur l'os hyoïde détermine une douleur très-vive et très-aiguë ; dans tous les cas de phymie laryngée qu'il nous a été donné d'observer, nous n'avons pas trouvé de véritable douleur à la pression, nous avons constaté parfois une simple gêne (1).

La dysphagie est un symptôme constant dans la laryngite tuberculeuse douloureuse ; il est même assez commun que les efforts de déglutition produisent chez certains malades la régurgitation des aliments aussitôt après leur ingestion.

Quant à la sensation de crépitation signalée pour la première fois par M. Laignelet (Th. Paris, 1806) et donnée depuis cette époque comme signe pathognomonique de lésions laryngées ayant atteint les cartilages, elle n'a aucune valeur, puisqu'on la retrouve même à l'état normal.

(1) Le symptôme douleur, pendant l'accomplissement des différentes fonctions de l'organe, a une grande valeur pour établir le diagnostic de la phthisie laryngée, surtout lorsque l'on a la moindre idée que la lésion peut-être syphilitique. Car, en dehors de la toux et de la déglutition, il est remarquable de voir combien la douleur locale est peu intense. (Lennox Browne. Loc. cit., p. 226.)

4° *Respiration.*

Pour les troubles respiratoires que l'on peut observer dans le cours de la syphilis laryngée, nous ne saurions mieux faire que de renvoyer à l'article publié par le Dr Krishaber dans la Gazette hebdomadaire du mois de novembre 1878 (n°s 45, 46, 47), comme la dyspnée et le cornage peuvent s'observer aussi bien dans la syphilis que dans la phthisie laryngée. Nous ne nous arrêterons pas sur les différentes causes qui peuvent produire ces deux symptômes ; nous nous bornerons à dire que les laryngosténoses syphilitiques dues à la rétraction ci-catricielle se produisent très-lentement et que les malades arrivent ainsi graduellement à supporter des rétrécissements énormes sans avoir trop à s'en plaindre ; dans ce cas la trachéotomie sauve les malades. Les laryngosténoses in-flammatoires se produisent plus rapidement. La dyspnée est plus fréquente dans la phthisie laryngée que dans la syphi-lis, car bien souvent à la première affection s'ajoutent des lésions pulmonaires plus ou moins avancées qui augmen-tent les phénomènes dyspnéïques et les rendent plus intimes. Les accès de suffocation se retrouvent dans les deux mala-dies et ne peuvent en rien éclairer le diagnostic.

Nous ajouterons que la *salivation* nous a paru beaucoup plus abondante dans la phthisie laryngée Au début elle existe déjà, et pendant les dernières périodes de la mala-die, alors que le malade avale difficilement, il n'est point rare de voir la salive s'écouler de la bouche du patient, soit qu'il redoute de l'avaler, soit que son abondance soit extrême

Dans la syphilis, la salivation n'est point augmentée pen-dant les premières phases ; mais dans les cas de lésions ulcé-reuses avancées, on constate aussi ce phénomène : la salive est sécrétée en grande quantité, un peu moins toutefois que dans l'affection précédente, soit que le malade avale la salive aussitôt qu'elle paraît, soit que réellement la sécrétion glandulaire soit moins abondante.

5° *Engorgement ganglionnaire.*

Nous arrivons à la description d'un symptôme qui a peu attiré l'attention des observateurs à titre de caractère différentiel de la syphilis et de phthisie laryngée. L'excellent maître à qui nous dédions ce travail l'avait déjà remarqué et, M. le professeur Jaccoud (1) avait le premier relevé le fait dans cette phrase : « L'adénite cervicale et sous-maxillaire est aussi fréquente dans la syphilis qu'elle est rare dans la phthisie. » Puis récemment enfin, le D^r Ch. Fauvel a publié à ce sujet un long article dans la *Gazette des hôpitaux* (23 janvier 1879), dont nous extrayons les passages suivants :

« Frappé de l'extrême rareté (pour ne pas dire l'absence) d'adénopatie tuberculeuse secondaire dans les cas de phthisie laryngée, j'ai pensé qu'il ne serait pas sans profit de rechercher à quelle cause on devait rattacher cette absence de tuberculisation secondaire sur laquelle pas un auteur, que je sache, n'a sérieusement appelé l'attention des observateurs. »

Cet auteur rentre ensuite dans des considérations anatomiques sur la structure histologique de la muqueuse laryngienne que nous ne pouvons reproduire ici. Et il termine de la façon suivante : « L'absence de tumeur ganglionnaire dans la phthisie laryngée est un fait constant, ai-je dit : en effet, d'après la statistique dressée par notre chef de clinique M. Coupard, et portant sur une série de 158 malade atteints de phymie laryngée, voici ce que nous remarquons :

(1) Jaccoud. Loc. cit., p. 772.

« 91 hommes avec lésions pulmonaires, âge moyen, 37 ans.

« 46 femmes avec lésions pulmonaires, âge moyen, 28 ans.

« 8 hommes sans lésions pulmonaires appréciables, âge moyen, 32 ans.

« 5 femmes sans lésions pulmonaires appréciables, âge moyen, 25 ans.

Dans aucun cas, les malades n'ont présenté d'engorgement ganglionnaire cervical, ni sous-maxillaire. » Puis il ajoute : « En résumé, nous pensons que le tubercule développé dans le tissu conjonctif se trouve dans la muqueuse laryngée en rapport avec le lacis lymphatique superficiel très-abondant. « Ce lacis pressé par la production morbide et envahi par par elle ne tarde pas à perdre de proche en proche la faculté de remplir son rôle physiologique, et les ganglions situés sur les parties latérales du larynx privés eux mêmes de leurs fonctions s'*atrophient*, leur réticulum devient épais, leurs éléments lymphatiques diminuent et subissent des trasformations ultimes.

« Ces altérations nous ont paru évidentes sur un ganglion laryngien que nous avons examiné et qui appartenait à un malade dont nous avions voulu injecter le larynx. »

On pourra voir que dans toutes nos observations de phymie laryngée, nous avons constamment observé l'absence d'engorgement ganglionnaire ; le fait n'a pas été relevé dans les cas signalés par les divers auteurs. Une seule fois cependant, chez un malade arrivé à la dernière période de l'affection, nous avons trouvé deux ganglions volumineux et ramollis ; voici du reste l'observation :

OBSERVATION II.

Léon Ran, 44 ans, vint à la clinique du Dr Fauvel le 3 mars 1879.

Il est malade, dit-il, depuis le commencement de l'hiver, et se plaint d'avoir perdu la voix il y a environ trois mois.

Antécédents héréditaires. — Rien à noter.

Antécédents morbides. — Bronchite l'hiver de 1877, qui s'est prolongée jusqu'au commencement de l'été dernier; il a même toujours toussé depuis ce moment.

Le malade n'a jamais eu d'hémoptysie, mais depuis quelque temps il a perdu l'appétit et les forces; il a presque tous les soirs de petits frissons qui laissent après eux d'abondantes sueurs.

Etat actuel. — Il est profondément amaigri. et présente tous les signes extérieurs de lésions pulmonaires avancées. Sa voix est complètement voilée; le malade ne parle qu'à voix basse (voix chuchotée). Il éprouve de violentes douleurs s'irradiant jusque dans les oreilles, et peut à peine avaler sa salive qui est très-abondante. — La douleur est peu augmentée par la pression sur les parties latérales du larynx. Le malade se plaint surtout de l'oreille gauche.

Examen. — Sur les parties latérales du larynx, au niveau de l'os hyoïde, on trouve de chaque côté des petits ganglions douloureux à la pression et donnant une sensation de petites boules de liquides tellement ils semblent ramollis. Le malade, qui nous les fait remarquer, dit les avoir depuis déjà longtemps, avant même de souffrir de la gorge. Le voile du palais est absolument décoloré. L'épiglotte très-œdématiée et pâle a doublé de volume sur ses bords, paraît raccourcie de moitié par le fait du gonflement dont elle est le siége ainsi que ses replis.

Les deux cartilages aryténoïdes se présentent à la vue comme deux grosses cerises blanches et presque transparentes; ils sont recouverts d'une quantité considérable de pus crémeux, et empêchent de voir l'intérieur du larynx.

Poumons. — On trouve à la percussion, et surtout à l'auscultation, les signes de cavernes occupant le sommet des deux poumons.

Traitement. — Arséniate de soude. — Vésicatoire à demeure au bras gauche; toniques. Attouchement du pharynx à l'hydrolat de coca comme anesthésique local. Atropine pour combattre ses abondantes sueurs nocturnes.

22 mars. Le sommeil devient difficile. L'amaigrissement est de plus en plus prononcé; à distance, on entend des râles tra-

chéaux dus à la présence du pus dans la trachée et le larynx
La diarrhée est survenue depuis deux jours; potions au sous
nitrate de bismuth, opiacé.

Le 27. Le malade n'a plus la force de se tenir debout; il ne
peut plus ni boire, ni avaler à cause des douleurs violentes que
lui occasionne l'acte de la déglutition ; le sommeil devient impossible ; sa diarrhée a cessé. Ses sueurs ont diminué. — Pulvérisations bromo-morphinées.

Les lésions pulmonaires font d'énormes progrès.

Le 30. Le malade est pris de dyspnée et d'accès de suffocations
qui reviennent à de courts intervalles ; vu l'état avancé des lésions pulmonaires, on ne fait point la trachéotomie, et le malade
succombe presque d'inanition le 3 avril au matin.

L'autopsie n'a pu être faite. Du reste, elle eût montré l'existence de cavernes pulmonaires constatées pendant la vie, ainsi
que la désorganisation presque complète de l'organe vocal,
l'œdème de toutes ces parties et la suppuration de toutes ces ar-
ticulations.

Les faits intéressants de cette observation étaient d'abord
la présence de cette infiltration œdémateuse de la muqueuse aryténoïdienne ; *véritable œdéme* que nous verrons plus loin avoir été nié par certains auteurs, et sur lequel
nous reviendrons plus tard. En second lieu, nous avons
constaté la présence de ganglions tuméfiés sur les parties
latérales du cartilage thyroïde, mais, ainsi que nous l'avons
fait remarquer dans le cours de cette observation, ces ganglions étaient ramollis, ils offraient au toucher une sensation tout à fait spéciale et, en outre, ils étaient douloureux
à la pression.

Aussi croyons-nous que dans le cas actuel il s'est agi
d'une inflammation des ganglions dont nous avons parlé,
qui étaient ramollis et douloureux, et le fait ne nous paraît
nullement contraire aux conclusions tirées par le Dr Fauvel.

Si les observations ultérieures viennent confirmer cette
absence de tuberculose ganglionnaire secondaire dans la

phthisie laryngée, nous voyons quelle sera l'utilité de ce symptôme pour faire le diagnostic d'avec la syphilis. Dans cette dernière, en effet, il est parfaitement certain qu'il existe une adénopathie spéciale décrite par tous les syphiligraphes. Cet engorgement ganglionnaire existe-t-il aussi lorsque l'accident syphilitique survient à une époque éloignée de l'infection ? Nous n'avons pas constaté le fait, mais nous avons vu maintes fois des syphilitiques porteurs d'ulcérations laryngiennes présenter une adénopathie remarquable que l'on ne pourrait confondre qu'avec celle déterminée par le cancer (1). Un fait assez remarquable est le peu d'engorgement ganglionnaire que nous avons observé chez des malades simultanément atteints de syphilis et de tuberculose laryngée.

6° *Etat général. Traitement.*

Nous ne parlons point des symptômes généraux (amaigrissement, sueurs nocturnes, perte d'appétit, etc), qui peuvent être les mêmes dans les deux affections, nous ajouterons seulement que si, bien souvent, l'existence de tuberculose pulmonaire peut plaider en faveur de la phthisie laryngée, il ne faudrait pas se baser sur ce fait pour établir une règle absolue et dire que *toute laryngite* survenant chez un tuberculeux est une manifestation de cette diathèse. Car la tuberculose n'exclut point la syphilis.

Comme dernier élément de diagnostic, nous avons enfin le *traitement*. Beaucoup d'auteurs se sont même contentés de ce moyen d'investigation, se fiant sur sur ce viel axiôme :

(1) L'exploration du larynx permet de percevoir des craquements qui annoncent une altération des cartilages, et le fait est constant. Les ganglions du cou sont le plus souvent engorgés à divers degrés. (Melchior-Robert. Nouveau traité des maladies vénériennes. Paris, 1861, p. 655.)

« Naturam morborum ostendunt curationes. » Il faut bien dire qu'il est des cas où lui seul peut nous tirer d'embarras, et nous permettre d'affirmer le diagnostic, et jamais il ne faudra négliger cette dernière ressource. Mais nous croyons à ce propos devoir faire quelques remarques qui nous ont été communiquées par le Dr Fauvel, notre maître. Malgré l'impuissance d'un traitement dirigé contre des accidents que l'on soupçonne syphilitiques, il ne faudrait pas se hâter de conclure à la non existence de cette diathèse, mais essayer de tous les moyens dont dispose la thérapeutique avant de porter un jugemenr définitif. Le Dr Fauvel nous a cité deux observations personnelles, dans lesquelles la maladie n'avait cédé qu'a des injections hypodermiques d'iodure de potassium, alors qu'elle avait résisté à tous les moyens spécifiques employés pour la combattre. Dans d'autres cas, c'est à une médication prolongée et suffisamment énergique qu'il faut demander la guérison des malades. Nous empruntons à M. Krishaber l'observation suivante publiée par lui dans les Annales des maladies de l'oreille et du larynx, qui nous a paru probante à ce sujet :

OBSERVATION III.

(Tirée des Annales des maladies de l'oreille et du larynx,
t. IV, p. 197.)

M. X..., âgé de 45 ans, est atteint de troubles respiratoires dont le début remonte à plusieurs mois. Lorsque je le vois pour la première fois, il tousse peu, mais il dit avoir notablement maigri et son aspect chétif et émacié dénote une déchéance profonde. Le malade accuse une certaine sensibilité du larynx et sa voix est presque complétement éteinte. Les mouvements de déglutition s'effectuent assez bien.

L'auscultation ne donne pas de résultat précis à cause du bruit qui se passe au niveau de la glotte, bruit dont l'intensité masque les bruits respiratoires normaux.

L'examen laryngoscopique permet de constater des érosions multiples sur les cordes vocales, qui sont très-rouges et très-tuméfiées. Celle du côté gauche est particulièrement boursoufflée et immobile. Les replis thyro-arythénoïdiens supérieurs ne présentent pas d'ulcérations, mais ils sont boursoufflés et injectés comme le reste de la muqueuse laryngée. Les replis aryténo-épiglottiques participent peu à cet état, et l'épiglotte est presque entièrement saine.

Quoique cet état local ne permette pas d'établir un diagnostic précis, et que les lésions constatées pouvaient se rapporter tout aussi bien à la tuberculose qu'à la syphilis, malgré les dénégations du malade à ce dernier point de vue, je lui prescris du sirop de Gibert et apprends en même temps que le malade avait été déjà soumis à ce traitement par plusieurs médecins. Après quelques semaines de ce traitement, une certaine amélioration se manifeste et la respiration devient quelque peu plus facile. Je perds le malade de vue à ce moment, mais plusieurs mois après il se présente de nouveau chez moi avec des accidents respiratoires beaucoup plus accusés que la première fois.

Dans l'intervalle, il avait été soigné en ville et à la Pitié. Je constate que les érosions se sont multipliées, qu'elles ont gagné en profondeur et en étendue, et c'est surtout l'œdème qui est plus accusé que la première fois. La respiration est devenue tellement anxieuse que je doute de la possibilité de pouvoir éviter la trachéotomie. Le malade se refuse cependant à l'opération et déclare formellement préférer la mort à toute intervention chirurgicale. Dans cet état de choses et, sans le moindre espoir, j'institue de nouveau un traitement anti-syphilitique, plus énergique cette fois.

Je prescris deux fois 20 grammes de liqueur de Van-Swieten et 4 grammes d'iodure de potassium par jour. Ce traitement paraissait donner quelques résultats très-prompts; le malade le suit cette fois plus régulièrement que la première fois; les accidents respiratoires s'amendent, en effet, progressivement, et, après un mois, la voix reparaît en partie. Encouragé par ce succès et sans tenir compte des inconvénients qui se rattachent à la prolongation d'une médication semblable et, malgré les plaintes du malade, je persiste énergiquement dans la rigoureuse exécution de ma prescription. C'est seulement vers la cinquième semaine, à partir de la reprise de ce traitement mixte, que l'amélioration devient très-manifeste et que la disparition complète des accidents a pu être constatée après deux mois. A ce moment, l'examen laryngoscopique m'a permis de reconnaître la disparition absolue de l'œdème et des érosions, la corde vocale gauche étant redevenue, mobile et apparaissant sous son aspect presque normal, comme le reste du larynx. Il ne restait en vérité qu'une légère injection généralisée. Celle-ci à son tour disparut quinze jours après, la voix avait repris en partie sa sonorité, la respiration était devenue absolument normale ; tout l'aspect du malade avait profondément changé à son bénéfice. C'est alors seulement que je cessai l'administration des médicaments dont j'avais diminué les doses dans les dernières semaines. La santé générale s'améliora encore progressivement et le malade, à partir de ce moment, pouvait être considéré comme parfaitement guéri.

L'auteur de l'observation précédente nous dit lui-même : « Voilà donc l'histoire d'un malade atteint de troubles respiratoires, ayant été sans résultat soumis à un traitement spécifique par plusieurs médecins au nombre desquels je figurais à mon tour. Je me laisse décourager et je juge la trachéotomie indispensable. Le malade refuse, et c'est alors que je le soumets à un traitement spécifique plus énergique et surtout plus prolongé que les précédents, et le malade guérit. »

En résumé, nous avons vu que les principaux signes de diagnostic que nous pouvons retirer de cet exposé sont ceux qui relèvent de la voix, de la toux, de la douleur, et de l'engorgement ganglionnaire, auxquels nous ajouterons l'examen du thorax, et la pierre de touche de la syphilis, le traitement.

Nous allons maintenant étudier les signes qui nous sont fournis par l'examen direct de l'organe à l'aide du laryngoscope.

CHAPITRE II.

Signes objectifs. — Laryngite syphilitique (période secondaire). Phthisie laryngée (période catar- rhale).

Les accidents de la syphilis secondaire dans le larynx (laryngopathies précoces) sont un fait assez rare, si l'on considère le grand nombre de syphilitiques observés par les auteurs et le peu d'observations publiées à ce sujet, surtout lorsqu'on les compare à celles qui ont été publiées sur la phthisie laryngée. Premier fait qui ajouté aux caractères souvent tranchés qu'offrent les manifestations de ces deux diathèses, ne manque pas d'une certaine importance.

§ 1er ERYTHÈME SYPHILITIQUE, INFLAMMATION CATARRHALE.

A. L'érythème syphilitique pourrait être confondu avec l'inflammation catarrhale qui annonce parfois le début de la phymie laryngée. Mais dans cette dernière, on retrouve tous les symptômes de la laryngite catarrhale simple déjà décrits dans la première partie de ce travail, et souvent on voit cette turgescence et cette rougeur (rose) spéciale de la muqueuse aryténoïdienne (planche I, fig. n° 6) occupant soit un seul côté, soit toute la partie postérieure du larynx ; d'autres fois on constate sur les cordes vocales inférieures la présence de stries rosées ou de plaques colorées, se détachant sur le reste des rubans vocaux qui sont ou grisâtres, (laiteux) ou finement arborisés (planche I, fig. n° 3). Dans d'autres cas, au contraire, la muqueuse interaryténoïdienne présente cet état velvétique dont nous avons parlé à propos de la laryngite granuleuse herpétique.

Enfin la phymie laryngée, au lieu de débuter par les symptômes du catarrhe, au lieu de déterminer l'hyperémie de la muqueuse laryngienne, peut s'annoncer par une simple anémie de l'organe vocal qui est pâle, exsangue au point qu'il est quelquefois difficile de distinguer les vraies cordes vocales des repris thyro-aryténoïdiens (cordes vocales supérieures). Toute la muqueuse offre une teinte uniformément blanche, analogue à la coloration de la conjonctive palpébrale dans la chlorose. Ce mode de début de la phthisie laryngée est même assez commun pour qu'en Angleterre ils admettent trois stades dans cette maladie : le premier *d'anémie*, le deuxième de *tuméfaction*, et le troisième *d'ulcération, de carie et de nécrose*. (Lennox Browne (1), James Sawyer.) (2)

(1) Le premier signe physique de la laryngite tuberculeuse est la pâleur de la muqueuse, qui est quelquefois plus que de l'anémie, la muqueuse du larynx naturellement rose prend une teinte grisâtre et boueuse, mais souvent les cordes sont congestionnées, et les parties anémiées sont parcourues par de petits vaisseaux engorgés ; puis arrive le stade de tuméfaction, etc. (Lennox Browne. Loc. cit., p. 226.)

(2) Ce que l'on voit en général, c'est la paleur générale de la mupueuse du larynx, souvent la luette, le voile du palais sont aussi décolorés ; s'il y a anémie générale, ces signes perdent leur valeur de diagnostic, mais quand on constate la faiblesse de la voix et la pâleur du larynx chez une personne bien portante, il faut rechercher avec soin les autres signes de la tuberculose, et chercher à améliorer la nutrition du larynx. Ensuite la muqueuse se congestionne, les cordes perdent leur blancheur, leur lustre, etc. (Clinique de James Sawyer, The Lancet, janv. 1875, p. 91.

B. Dans la syphilis, point de symptômes généraux (toux, expectoration, douleur, à peine quelques troubles de la voix (raucedo syphilitica), mais l'on constate à l'examen laryngoscopique soit une *rougeur vermillonnée* plus sombre que dans la tuberculose, occupant, soit la commissure antérieure des cordes vocales inférieures, comme le fait a déjà été signalé, soit le bord libre des rubans vocaux (1) (voir pl. I, fig. n° 2). Le reste du larynx peut être intact, mais il est généralement le siége d'une injection superficielle, variant depuis la coloration rosée jusqu'à la couleur lie de vin. M. Dance (2) a vu de la rougeur tantôt piquetée, tantôt disposée en plaques marbrées, disposition qui a été également signalée par MM. Krishaber et Mauriac (Ann. mal. oreil. et lar., 1875, p. 258); à côté de la rougeur, on observe presque toujours un gonflement plus ou moins intense de la muqueuse, occupant de préférence la portion sus-glottique du larynx. Les bandes ventriculaires toutes deux, ou une d'elles seulement, tuméfiées recouvrent les cordes vocales inférieures et empêchent de les voir ; plus fréquemment encore le gonflement est borné à une moitié de l'organe et même à l'épiglotte. M. Ferras (3) a trouvé que la rougeur se localise de préfé-

(1) « La rougeur des cordes vocales ou des autres parties du larynx peut apparaître parfois quelque temps avant la roséole cutanée, de même que l'éruption de la rougeole peut envahir le larynx avant de se manifester sur la peau » (Fauvel. Communication orale.)

De plus, nous avons souvent eu avec le Dr Coupard, l'occasion d'observer la rougeur du bord libre des cordes vocales inférieures, alors que toute manifestation cutanée ou pharyngienne n'existait plus et que le malade ne se plaignait d'aucun symptôme pouvant déceler cette lésion, fait qui avait été déjà signalé.

(2) Dance. Eruption du larynx survenant dans la période seconda de la syphilis. Th. Paris, 1864.

(3) Ferras. Loc, cit.

rence au niveau de la face postérieure de l'épiglotte d'abord ; viennent ensuite, la face antéro-supérieure des éminences aryténoïdes, les replis thyro-aryténoïdiens. Nous croyons devoir placer les cordes vocales inférieures en première ligne. Cet auteur dit de plus n'avoir jamais constaté de fine arborisation comme chez les tuberculeux; nous ne saurions être aussi affirmatifs, car non-seulement nous avons trouvé cette vascularisation anormale de la muqueuse chez des syphilitiques, mais beaucoup d'autres auteurs consciencieux ont consigné ce fait dans leurs observations.

Ces caractères nous semblent bien suffisants pour établir le diagnostic différentiel de l'érythème syphilitique et de l'injection tuberculeuse. Il n'est pas besoin d'ajouter que la rougeur due à la vérole, quoique assez persistante, finit par suivre l'évolution naturelle des accidents secondaires de la syphilis, et céder tôt ou tard à un traitement général. Le catarrhe laryngien tuberculeux, quoique susceptible de régresser à cette période, suit bien souvent une marche envahissante.

§ 2. PLAQUES MUQUEUSES, ÉROSIONS TUBERCULEUSES.

A. On ne confondra pas davantage les *plaques muqueuses* avec les érosions catarrhales de la membrane muqueuse de l'organe phonateur.

Nous savons que bien des auteurs compétents ont nié l'existence de ces lésions dans le larynx ; nous savons que le Dr Ferras, sous l'inspiration du Dr Isambert et sur les traces de MM. Alb. Fournier et Simon Duplay, s'est efforcé de combattre pas à pas le prétendu parallélisme institué par MM. Dauce et Cusco entre les syphilides externes et internes ; nous nous sommes même déjà rallié à l'opinion de cet auteur, à propos de cette relation que nous avons dit ne pas exister, mais nous croyons que M. Ferras est allé un peu trop loin, quand il a nié d'une manière presque absolue l'existence de plaques muqueuses dans le larynx. En effet, sans parler des observations de Turck et de Czermak (1), de celle de Gerhard et Roth (2) (8 cas), MM. Krishaber et Mauriac (Ann., 1875, p. 56) ont publié 14 cas de laryngopathies syphilitiques dont dix ont été accompagnées de plaques muqueuses. (Voir observat. XIX, XX, XXI, XXII). Nous avons également sous les yeux une planche inédite du second volume du D' Ch. Fauvel, sur laquelle nous voyons une plaque muqueuse bordée de son liseré carminé et dont le centre est légèrement déprimé, sa teinte générale est d'un gris sâle, opaline ; elle occupe le milieu de la corde vocale inférieure gauche. De ces faits, nous croyons pouvoir conclure que si la lésion est rare elle n'en existe pas moins, et offre, dans certains cas, des caractères faciles à reconnaître (3).

C'est ainsi qu'elle se présente sous une forme irrégulièrement arrondie ou ovalaire, faisant une légère saillie au-dessus des parties de la muqueuse environnante, le centre de la plaque est légèrement déprimé, et sa périphérie est circonscrite par une zone inflammatoire d'intensité variable, d'aspect, la plupart du temps, carminé. La surface de cette plaque plus ou moins plissée ou gaufrée présente une coloration

(1) Turck et Czermak. Loc. cit.

(2) Gerhard et Roth. Wirchows. Archiv., 1861.

(3) Nous trouvons dans le compte-rendu de la section de laryngologie au Congrès médical de Pise (Ann. mal. oreil. et larynx, mai 1879,) une communication du D' Massei, de Naples, qui se prononce en faveur de l'existence des plaques muqueuses, et de M. Labus, qui les croit même plus fréquentes qu'on ne le pense généralement, mais difficiles à voir à l'examen laryngoscopique avec la lumière artificielle.

grisâtre, opaline. Enfin *dans quelques cas* le sujet porteur de plaques muqueuses laryngiennes est en pleine éruption secondaire de la syphilis ; on pourra constater la présence d'angine pharyngée, de macules, papules ou pustules en différents points du corps, qui mettront sur la voie du diagnostic. Toutefois, il ne faudrait pas se baser sur l'absence de ces accidents secondaires pour rejeter l'existence d'une plaque muqueuse laryngienne chez un sujet vérolé, car il n'est point rare de constater les éruptions du côté de l'organe vocal, alors que toutes les autres traces d'éruption cutanée ou buccale ont déjà disparu.

B. *L'érosion tuberculeuse* ne se rencontre guère que pendant la période d'acuité de la laryngite tuberculeuse, elle n'est bien souvent que la première étape qui doit mener à l'ulcération de la muqueuse. Sa forme rappelle celle d'un coup d'ongle ou d'un léger coup de râpe très-fine qui aurait simplement entraîné la chute de l'épithélium, ou déterminé une légère perte de substance (Fauvel). Elle peut présenter à sa surface un aspect chagriné, sablé, et faire penser à une plaque muqueuse, mais le centre, au lieu d'être déprimé, fait au contraire une légère saillie, ses bords ne sont point finement limités par une auréole carminée, ils semblent au contraire se confondre avec le reste de la membrane muqueuse qui est elle-même le siége d'une tuméfaction surtout marquée au point où existent ces érosions ; ces dernières occupent de préférence le bord libre de l'épiglotte, la muqueuse aryténoïdienne dont elles déterminent le gonflement œdémateux, les cordes vocales inférieures, les bandes ventriculaires. Ces parties atteintes par l'inflammation sont le plus souvent recouvertes de produits pultacés ou purulents que l'on pourrait, si l'on ne prêtait une grande attention, prendre eux-mêmes pour des érosions. Celles-ci rappellent, en effet, un *véritable crachat*, (Fauvel) comparaison qui nous semble donner une idée très-exacte de cette altération. Ajoutons que la plupart des érosions tuberculeuses reconnaissent pour cause une agglomération primitive de granulations miliaires plus ou moins confluentes.

Nous ne chercherons pas à établir le diagnostic des syphilides érosives et des érosions tuberculeuses; toutes deux conduiront, si elles suivent leur marche envahissante, aux ulcérations, caries, nécroses ; toutes deux offrent à la vue des caractères absolument identiques, comme lésion locale, comme érosion de la muqueuse. On ne distinguera ces deux altérations l'une de l'autre qu'à l'aide de l'ensemble des signes et des symptômes que l'on aura sous les yeux et, s'il le faut, par un interrogatoire minutieux l'examen complet de l'individu (de capite ad calcem), et en dernière ressource, le traitement.

§ 3. Hyperplasie inflammatoire de la syphilis, congestion et gonflement de la tuberculose

A. — Il sera encore facile de distinguer l'*hyperplasie inflammatoire de la syphilis* de la congestion et du gonflement qui surviennent dans les débuts de la phthisie laryngée primitive ou secondaire avant les ulcérations de la muqueuse.

Dans le premier cas, en effet, de l'avis de tous les auteurs, le travail hypertrophique semble avoir des préférences marquées pour les replis thyro-aryténoïdiens, les aryténoïdes, les bords de l'épiglotte et les replis aryténo-épiglottiques. On a également observé l'épaississement des cordes vocales inférieures qui, devenues inégales et parfois rugueuses (veloutées), se présentent sous l'aspect de deux gros bourrelets *toujours rubanés*, se rapprochant avec difficulté l'un de l'autre ; où bien, les deux cordes vocales, inégalement atteintes par le gonflement, chevauchent l'une sur l'autre. Les tissus tuméfiés sont le siége d'une rougeur sombre et intense, bornée aux parties atteintes ; ils sont *durs*, *résistants* et paraissent presque aussi indurés qu'ils le sont dans le cancer, dont ils se distinguent par beaucoup d'autres caractères. Toutes ces lésions n'occupent en général qu'une portion de l'organe phonateur, quand l'épiglotte en est le siége ; elle peut présenter les formes en phimosis et paraphimosis (Isambert) ou plus exactement rappeler de tout point le museau de tanche du col de l'utérus (1) (Fauvel) ; dans tous les cas, elle offre un aspect tomenteux, bosselé, irrégulier, presque spécial à cette affection.

B. — Dans la tuberculose, bien souvent l'épiglotte est saine pendant la période catarrhale de la maladie ; elle n'est gonflée et tuméfiée que lorsqu'une de ses parties a été atteinte par les ulcérations. Toute la lésion porte sur la muqueuse qui recouvre ou sépare les cartilages aryténoïdes et sur les cordes vocales inférieures. On peut trouver un des replis thyro-aryténoïdiens tuméfié ; venant recouvrir le ruban vocal de ce côté, l'empêchant de vibrer le fait est même assez fréquent, mais la muqueuse aryténoïdienne gonflée, quelquefois même infiltrée de sérosité, offre une coloration rosée fine qui envahit aussi les cordes vocales ; de plus, elle est recouverte de muco-pus, souvent même, d'une sécrétion purulente que l'on ne retrouve pas

(1) Voir fig. 3, p. 107.

dans la laryngite syphilitique , que nous nommerions volontiers hyperplasique.

Dans d'autres cas, on pourra rencontrer un gonflement des tissus borné à une moitié du larynx tout entière, mais les parties atteintes sont finement granulées, souvent déchiquetées, rouges. On a en quelque sorte sous les yeux une hémiphymie. Nous en avons observé un très-bel exemple, dont nous rapportons l'image (fig. 2). Il s'agissait d'un malade, Br... Ulysse, âgée de 40 ans, commerçant, qui offrait des signes de tuberculose pulmonaire à la deuxième période, et dont la voix s'était voilée depuis environ deux mois; il avait en même temps éprouvé de vives douleurs à la déglutition du côté droit du larynx, douleurs s'irradiant vers l'oreille de ce côté. La pression n'éveillait aucune gêne, la respiration était normale. — L'examen laryngoscopique permit de constater une tuméfaction assez considérable de la partie droite de l'épiglotte et de la muqueuse aryténoïdienne de ce côté, qui empêchait d'apercevoir la corde vocale droite. Ces parties étaient rouges, granuleuses et déchiquetées sur le bord libre de l'opercule glottique. Le ruban vocal du côté gauche était rouge et inégal, en dent de scie sur son bord interne.

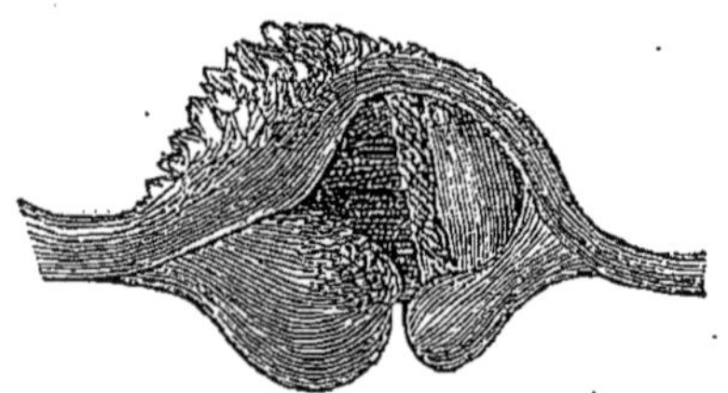

Fig. 2.

On a également signalé (Fauvel (1), Mandl (2), Isam-

(1) Fauvel. Communication orale.
(2) Mandl. Loc. cit., p. 678.

bert (1), sur la muqueuse interaryténoïdienne, de petites *tumeurs verruqueuses* qui annoncent parfois le début de la phymie laryngée, alors que rien ne semble la faire prévoir, ou que l'on aurait pu supposer n'avoir devant les yeux qu'une laryngite catarrhale simple. Le Dᴿ Isambert, dans l'observation d'une jeune fille atteinte de phthisie laryngée, dit à ce propos. « Il existait chez elle une lésion commune chez les sujets atteints de phthisie laryngée, que l'on rencontre souvent de très bonne heure chez ceux qui sont prédisposés à cette affreuse maladie. Je veux parler d'une petite tumeur verruqueuse développée sur la commissure interaryténoïdienne, et présentant la forme d'une petite pyramide, dont la pointe était dirigée vers le centre de la glotte. »

Le Dᴿ Mandl va plus loin, et formule ainsi son opinion à ce sujet : « Toutes les phthisies laryngées primitives que j'ai observées, dès leurs premières apparitions, ont présenté à la face antérieure de la paroi postérieure du larynx, des végétations primordiales plus ou moins nombreuses de grandeur différentes, de la couleur de la muqueuse voisine, ou pâles, même blanchâtres, et ayant la plus grande analogie avec les végétations syphilitiques ou crêtes de coq. » Si le fait était aussi constant que le dit ce dernier auteur, on aurait sous la main un signe précieux de diagnostic, au début de l'affection, alors que l'on est obligé de s'entourer de toutes les précautions pour ne pas commettre d'erreur. Néanmoins, l'existence de ces végétations a bien son importance, et lorsqu'on aura l'occasion de les observer, ajoutées aux autres signes de la phymie laryngée, elles pourront singulièrement éclairer le diagnostic.

Enfin, dans la laryngite tuberculeuse, les glandules de la

(1) Isambert. Ann. mal. oreil. et larynx, 1876, p. 177.

muqueuse sont généralement saillants, leurs orifices sont plus ou moins dilatés et souvent recouverts de pus.

La syphilis peut laisser après elle une simple hyper-trophie des tissus qu'elle envahit, hypertrophie persistante qui cédera bien rarement ou avec beaucoup de difficultés au traitement, tandis que la tuberculose arrêtée dans sa marche envahissante ne laisse après elle aucune trace et, si elle n'est point enrayée, elle mène sûrement à la destruc-tion des parties qu'elle a atteintes. En un mot, nous dirons avec MM. Cornil et Ranvier (1), que : « l'inflammation de la syphilis à sa première période est essentiellement productive (plastique autrefois) et peut aboutir à la formation d'un tissu adulte, tel que le tissu conjonctif, tandis que l'inflam-mation de nature tuberculeuse est, avant tout, destructive et suivie de mortification. »

§ 4. Paralysies syphilitiques et tuberculeuses.

A. Nous avons suffisamment décrit les paralysies sy-philitiques pour que nous n'ayons plus besoin d'y re-venir ici.

B. Nous avons aussi parlé longuement de l'extinction de voix que l'on rencontre dans la phthisie laryngée à toutes ses périodes, lorsque nous avons fait le dia-gnostic des symptômes de cette affection. Nous nous bornerons à faire remarquer que, dans la phthisie la-ryngée, les paralysies offrent la plupart du temps les carac-tères suivants que nous empruntons à une analyse de

(1) Cornil et Ranvier. Loc. cit.

l'ouvrage de M. Klemm, publiée dans la Revue des sciences médicales (1877) (1) :

« 1° La paralysie est bilatérale et les cordes n'arrivent pas au contact ;

« 2° Dans des cas plus rares, le contact est possible, mais l'une des cordes présente un bord légèrement concave, laissant une légère fente au milieu de la glotte par paralysie des muscles tenseurs ;

« 3° Une troisième forme *très-rare* dans la phthisie laryngée est la paralysie unilatérale, une des cordes vocales restant tendue et immobile pendant que l'autre est seule agitée par les vibrations de l'air.

Il y a lieu de supposer, nous dit après l'auteur, que par suite de la fréquence de la première forme de paralysie, la cause principale de cette paralysie réside dans la tuméfaction des cartilages aryténoïdes, lésion qui est très-fréquente. »

Nous avons vu les paralysies syphilitiques n'occuper en général qu'un seul ruban vocal, souvent le gauche, avons-nous dit. Ici, au contraire, cette forme de paralysie est très-rare, c'est elle que l'on a le moins souvent l'occasion de constater : le larynx n'est pas absolument normal, une de ses parties est toujours plus ou moins tuméfiée ; dans la syphilis, absence de lésions visibles au laryngoscope.

En résumé, les premières phases des laryngopathies syphilitiques se reconnaîtront à l'absence des symptômes habituels des catarrhes laryngiens, parfois aux modifications de la voix, à l'adénopathie sous-maxillaire et cervicale qu'elles déterminent, à leurs lésions nettement cir-

---

(1) Revue des sciences médicales, 1877. (Analyse de l'ouvrage de Klemm, publié dans Archiv. Heilk., XVII, p. 231. Ueber Stünband'-lahmung bei phth. laryng.)

conscrites, à la coloration souvent particulière de l'hype-rémie, au gonflement limité des tissus qui paraissent inégalement épaissis et indurés; enfin à la marche de ces différentes altérations, qui finissent presque toujours par céder au traitement spécifique.

La phthisie laryngée au début (période catarrhale) est caractérisée par les symptômes du catarrhe simple, l'absence d'engorgement ganglionnaire, une rougeur assez vive, occupant surtout la région aryténoïdienne; cette dernière, gonflée en totalité ou simplement dans un de ses points, peut aussi revêtir cet état décrit sous le nom de velvétique, ou bien encore présenter de petites tumeurs verruqueuses. Les cordes, rarement intactes, sont ou grisâtres et laiteuses, ramollies, ou rouges par places et finement arborisées offrant en certains points de légères exulcérations que l'on ne peut voir sans un éclairage puissant.

Enfin, la marche de cette dernière affection est variable suivant que l'on envisage la phthisie laryngée primitive ou secondaire; dans la première de ces formes sous l'influence d'un traitement bien dirigé, l'affection pourra ne point arriver à l'ulcération glandulaire, et se terminer d'une façon heureuse sans retentir sur le reste de l'économie, mais dès qu'apparaîtront les lésions thoraciques, la phthisie laryngée suivra alors les traces des laryngites secondaires (laryngite des tuberculeux) et ne fera que s'aggraver jusqu'au jour où la phthisie pulmonaire mènera le sujet à la mort.

Comme nous avons eu surtout en vue, dans ce premier chapitre, l'étude de la phthisie laryngée primitive, il ne faudra point s'étonner si nous n'avons pas signalé les signes de tuberculose pulmonaire comme pouvant éclairer le diagnostic.

CHAPITRE III.

Syphilis tertiaire (invétérée) phthisie laryngée confirmée (période ulcérative et nécrosique.

« La syphilis ne revient jamais sur ses pas », a dit un de nos maîtres ; lorsqu'un certain laps de temps s'est écoulé depuis l'infection primitive, l'on n'observe plus d'accidents secondaires, qu'ils aient ou non existé, et passés inaperçus. C'est ainsi, que l'on voit des sujets atteints presque d'emblée de manifestations tertiaires, alors qu'ils n'ont aucune conscience d'éruptions antérieures et qu'ils ne se croyaient nullement sous le coup de cette diathèse. Si le fait a été constaté et se trouve confirmé pour tous les organes, nous ne comprendrions nullement que le larynx échappât à cette loi générale, et que les lésions tertiaires pussent y revêtir un caractère de bénignité qu'elles n'ont point ailleurs. Le début des manifestations tardives de la vérole dans l'organe vocal, peut être benin en apparence, mais si l'accident n'était enrayé dès le début par un traitement spécifique, nous pensons que la maladie suivrait une marche envahissante et rapidement ulcéreuse qui causerait ces désordres considérables que l'on a parfois l'occasion d'observer. S'ensuit-il que la syphilis tertiaire du larynx seule puisse devenir grave ? Nous ne le croyons pas, puisqu'à la période secondaire l'érythème peut être suivi de tel gonflement de la muqueuse que la trachéotomie devient la seule planche de salut ; mais nous pensons seulement, que les gommes ulcérations, caries, nécroses sont *toujours* des manifestations tardives de la vérole.

Combien de temps après le chancre apparaissent les ac-

cidents tertiaires? Il est rare de les constater pendant les
4 ou 5 premières années qui s'écoulent après l'apparition
de l'accident primitif; quant à la dernière limite, au delà
de laquelle on ne trouve plus de manifestations syphilitiques, elle est indéterminée. On a cité des exemples de
laryngite spécifique survenant quinze, vingt et trente ans
après l'infection au point que le malade niait presque
toujours de bonne foi avoir eu la vérole, se croyant dé-
barrassé d'un fardeau dont il n'avait plus senti le poids depuis longtemps déjà.

Quels accidents allons-nous rencontrer dans cette période de la maladie? M. Simyan (1), dans sa thèse inaugurale, a décrit les *éruptions papulo-tuberculeuses* déjà no-
tées par MM. Dance et Cusco (2): « A la période qui sert de
transition entre les accidents secondaires et tertiaires, à cette
époque où on rencontre les iritis syphilitiques, on rencontre assez souvent certaines altérations du larynx, altérations plus profondes, qui néanmoins n'attaquent pas encore les cartilages et les parties solides, mais qui ont
pour siége la membrane fibreuse sous-jacente à la muqueuse. » Cette éruption était caractérisée dans les deux
cas cités par M. Dance par la présence à la surface des cordes vocales inférieures de tubercules grisâtres empêchant
leur affrontement et par un gonflement de la face laryngée de l'épiglotte et des cordes vocales supérieures. Le
Dr Mandl (3) fait remarquer que la spécificité de ces lésions
consiste dans leur forme circonscrite et globuleuse, parce
qu'elles sont destinées à subir la métamorphose régres-

(1) Simyan. Contribution à l'étude de la syphilis laryng. tert. Th.
Paris, 1877.

(2) Dance. Loc. cit.

(3) Mandl. Loc. cit.

sive, auxquelles les éléments du tissu conjonctif environnant restent complétement-étrangers.

D'après Ledégand, elle commence par la dégénérescence
des éléments cellulaires, pendant que les éléments inter-
cellulaires subissent la dégénérescence muquéuse. Nous ne
nous arrêterons pas davantage à ces lésions peu communes et
que l'on ne pourrait confondre avec aucune altération tuberculeuse.

Nous laisserons également de côté les *papillomes* que
nous avons déjà distingué des polypes simples. Nous rappellerons seulement à ce sujet que si les véritables papillomes syphilitiques sont rares, on pourra dans quelques
cas, peu communs du reste, rencontrer de petites végétations condylomateuses, qu'il faudrait se garder de confondre avec des granulations miliaires confluentes. Nous
avons rapporté dans nos planches (pl. I, fig. n° 4) un
exemple remarquable de chacune de ces deux affections, par
exemple, que nous devons à l'obligeance de notre maître le
Dr Fauvel, qui a bien voulu nous permettre de les reproduire toutes deux, afin d'en mieux faire ressortir les différences. Cet auteur a également mis à notre disposition
l'observation suivante qui fait e sujet de la fig. n° 4 (pl. I).

OBSERVATION IV.

Condylomes syphilitiques du larynx, occupant la portion
sus-glottique de cet organe.

Mme L..., âgée de 60 ans, concierge, vint consulter le Dr Fauvel, il y a quelques années à peine.

Elle porte les traces d'accidents vénériens, elle avoue du reste
avoir été atteinte de l'affection.

Sa voix est absolument éteinte, et rauque à de rares intervalles,
la toux et l'expectoration n'existent pas à proprement parler.

L'*exámen laryngoscopique* révèle la présence de petites tumeurs confluentes, ressemblant de tous points à des papillomes et occupant la face laryngée de l'épiglotte et descendant comme une traînée à bords frangés jusque sur les replis thyro-aryténoïdiens.

Vu les antécédents spécifiques de la malade, le Dr Fauvel ordonne un traitement anti-syphilitique varié, sirop de Gibert, proto-iodure de mercure, liqueur de Van-Swieten, iodure de potassium.

Il touche localement avec la teinture d'iode pure. Au bout de quelque temps, la voix est devenue rauque et a pris un caractère de dureté spécial. A ce moment, les condylomes syphilitiques, presque complétement affaissés, semblaient prêts à disparaître lorsque la malade cessa son traitement. Peu de jours après, la voix était de nouveau éteinte, et l'éruption revenue ce qu'elle était. Remise de nouveau au traitement spécifique, elle guérit cette fois complétement, sa voix redevint claire et l'on put constater la présence d'un tissu cicatriciel blanc, nacré, dur, tranchant par sa coloration pâle sur le reste de la muqueuse qui était franchement rosée.

Dans le cas actuel, nous avons vu qu'il s'agissait évidemment de condylomes syphilitiques dont le traitement a eu raison. Ces tumeurs étaient *grisâtres, opaques*, sans sécrétion anormale, irrégulièrement disposées, et l'épiglotte qui en était le siége était à peine augmentée d'épaisseur.

La tuberculose miliaire offre d'autres caractères que nous allons exposer, en parlant des gommes ou syphilomes.

Il est encore inutile de revenir sur les paralysies syphilitiques de la période tertiaire, qui ne diffèrent nullement de celles de la période secondaire que nous avons déjà décrites. Il ne nous reste plus à parler que des gommes syphilitiques, des ulcérations qui les suivent, etc., des caries, nécroses arthrites qui accompagnent ces dernières ; puis des cicatrices que laissent après elle les manifestations tertiaires de la vérole.

§ Iᵉʳ SYPHILOMES OU GOMMES, GRANULATIONS TUBERCULUSES.

Les gommes syphilitiques du larynx, dont nous avons rapporté un exemple (pl. II, fig. 6) emprunté aux planches inédites du Dʳ Fauvel, ne diffèrent point de celles que l'on observe sur la voûte palatine ou le reste de la muqueuse buccale (voir obs. n° 26). Elles peuvent se former en dépôts circonscrits et parfaitement limités ou sous forme de traînées et d'infiltrations en nappe. Leur évolution ne diffère point de celle qu'elles suivent d'ordinaire. Leur siége de prédilection est la portion sus-glottique du larynx. M. Lancereau (1) a toutefois rapporté un cas de syphilome dans les bronches, attribué à Wagner. Ces cas sont très-rares, il est beaucoup plus fréquent de les voir envahir le pharynx (2) et d'ailleurs, quelle que soit la partie de l'organe qu'elles atteignent, elles se présentent sous forme de saillies *jaunâtres*, fermes ou un peu molles, et toujours assez volumineuses.

Si le produit gommeux est infiltré en nappe, on ne le confondra point avec des *granulations tuberculeuses* qui, plus petites, isolées et en assez grand nombre, sont *grises*, demi-transparentes (pl. I. fig. 5), analogues aux tubercules miliaires que l'on trouve dans les méninges des enfants ayant succombé à une méningite tuberculeuse ; ces granulations se détachent en clair sur un fond généralement assez coloré. Elles peuvent être confluentes

(1) Lancereau. Traité de la syphilis, p. 406.

(2) Le Dʳ Norton a présenté au mois de mai 1874 à la Société anatomique de Londres, une pièce anatomique, dans laquelle il montrait une gomme syphilitique, ayant envahi les replis aryténo-épiglottiques et s'étendant au pharynx ; la gomme avait suppuré et laissé après elle une vaste ulcération facile à reconnaître. (British. med. journ., 1874.)

et envahir une partie du larynx ou tout cet organe, absolument commé elles envahissent le voile du palais, dans les cas de tuberculose miliaire de la gorge, cette confluence ne s'observe guère que dans les lésions avancées, alors que le larynx offre une surface entièrement recouverte de sécrétion purulente ; ces granulations suivent une évolution rapide, deviennent opaques, se caséifient, et sont bientôt le centre d'un travail suppuratif, destiné à rejeter au dehors le tubercule, par une véritable énucléation. Le Dr Isambert raconte (Ann. des mal. de l'oreil. et du larynx, 1876, p. 174) que dans un cas de phthisie laryngée très-grave chez un employé supérieur d'une des administrations de Paris, il a vu deux poussées successives de tubercules miliaires s'énucléer ainsi, et l'épiglotte ressemble alors à une sorte de *pomme d'arrosoir* dont chaque trou donnait issue à un produit caséeux semi-purulent.

Ces caractères joints aux antécédents et à l'état du malade, à la marche de la maladie, permettront d'établir le diagnostic différentiel de ces deux lésions. Car il faut bien dire qu'à l'examen histologique, le tubercule diffère à peine de la gomme ; mais laissons du reste à ce sujet la parole à MM. Hérard et Cornil (1), qui ont fort bien étudié la question :

« Il sera plus difficile, dans certains cas, de distinguer les gommes syphilitiques des tubercules. Cependant à la simple vue, la gomme est jaune, alors même qu'elle est petite, elle est rarement semi-transparente ; et en vieillissant, en acquérant le volume d'une noisette ou d'une noix, elle conserve sa couleur et sa densité. De deux petites tumeurs dont l'une est tuberculeuse, l'autre syphylitique,

(1) Hérard et Cornil. De la phthisie pulmonaire. Paris, 1867, p. 58 et 59.

si elles sont toutes deux jaunes et grosses comme des petits pois par exemple, la première sera ramollie et caséuse ; la seconde dure, et résistera à l'écrasement comme du tissu fibreux et élastique. Cependant les gommes peuvent se ramollir à leur centre et contenir des parties semi-solides, blanchâtres, molles, mais leur coque est toujours résistante. » Plus loin ces auteurs ajoutent : « La difficulté est grande lorsque la tuberculose existe en même temps que la syphilis, complication qui est loin d'être rare. Avons-nous dans l'examen micrographique un caractère spécifique ? Nous dirions : oui, si les gros noyaux contenus dans des cavités isolées ou alvéolées, décrites par E. Wagner (Archiv. der Heilkunde t. 4. p. 161), nous paraissaient aussi bien qu'à lui caractéristiques de la gomme syphilitique ou syphilome.

« Mais nous croyons avec Forster (Handbuch der Path. Anat., 1865, p. 452, Vierte-Lieferung) que ces îlots de noyaux se rencontrent dans toute production morbide, toutes les fois qu'ils naissent dans le tissu conjonctif. Les différences microscopiques du tubercule et de la gomme sont bien peu tranchées, ce sont des nuances, et non des oppositions. Ainsi, les noyaux de nouvelle formation dans la gomme sont ordinairement moins nombreux, moins pressés que dans le tubercule, mais ce sont exactement les mêmes éléments (cystoblastions). Le centre de la gomme, qui est habituellement en dégénération graisseuse présente une forme de dégénérescence diffuse qui diffère notablement de celle du tubercule. »

On trouve, en effet, dans la partie centrale de la gomme, des corps granuleux, formés de granulations graisseuses, ou des amas allongés de granulations, tandis que dans les parties équivalentes de tubercules, on trouve seulement des noyaux atrophiés très-finement granuleux.

MM. Cornil et Ranvier (1), dans leur Traité d'histologie, donnent de plus comme caractère distinctif l'oblitération des vaisseaux par une masse granuleuse dans le tubercule, tandis que ceux de la gomme sont perméables, vides ou contenant des globules sanguins.

Ces deux productions morbides ne sont du reste que le premier pas du processus morbide dont la seconde phase est l'ulcération, à moins que sous l'influence du traitement, le produit syphilitique n'arrive à se résorber ou « à subir la métamorphose hyperplasique » (Mandl., loc. cit., p. 701). Si les deux affections suivent une marche envahissante, elles arrivent toutes deux à produire l'ulcération de la muqueuse que nous allons étudier.

§ II. Ulcérations syphilitiques et tuberculeuses.

A. *Tuberculose.* — Nous avons déjà dit que l'ulcération de la membrane muqueuse du larynx dans la tuberculose était le fait de la diathèse ; aussi ne reviendrons-nous pas sur ce sujet.

1° *Mode de formation.* L'ulcération peut succéder soit au dépôt primitif de granulation tuberculeuse, soit au catarrhe et aux érosions qui marquent parfois le début de la maladie. Il se fait, en des *points circonscrits*, une desquamation épithéliale dans l'intervalle desquels la muqueuse est saine ou souvent très-enflammée, le tissu glandulaire lui-même est bientôt envahi par le processus destructif, ses canaux larges et enflammés laissent sourdre du pus ; plus tard les glandes détruites peu à peu par l'irritation dont

(1) Cornil et Ranvier. Traité d'hist. norm. et pathol. Paris, 1869, p. 210.

elles sont le siége, laissent à nu la trame de la muqueuse, et cette dernière à son tour, est envahie par le travail ulcératif.

A ce moment, on peut constater la présence de *petites ulcérations nombreuses* et distinctes les unes des autres, et dans un intervalle de temps, qui varie avec la marche plus ou moins rapide de l'inflammation, ces ulcérations isolées au début finissent par se réunir ; elles deviennent confluentes, et ne forment bientôt plus que quelques foyers purulents dont les bords continuent à s'ulcérer, et qui pro-duisent dans certains cas des pertes de substance considé-rables. Le fond de l'ulcération gagne également en profon-deur, et détermine la mortification du tissu cellulaire sous-muqueux des cartilages et des muscles eux-mêmes. Telle est, en quelques mots, la marche générale du travail ulcératif dans la phthisie laryngée.

Cependant la destruction des tissus ne s'accomplit pas toujours exactement comme nous venons de le dire, car, avec l'ulcération de la muqueuse, l'inflammation détermine, au dépens de cette même muqueuse ulcérée, un véritable bourgeonnement hypertrophique, des végétations plus ou moins nombreuses qui, ajoutées à l'œdème, contribuent à rétrécir l'orifice glottique qui accompagne infailliblement ces diverses altérations.

Lorsque la granulation tuberculeuse a précédé la forma-tion de l'ulcération, cette dernière est au début *cratéri-forme* et conserve la forme de la nodosité qu'elle contenait. MM. Hérard et Cornil (1) ont cité un exemple, dans lequel l'ulcération superficielle avait gagné d'emblée le pourtour de la granulation, et cette dernière faisait saillie au milieu de l'ulcération circulaire ; ce fait a été également relevé

(1) Hérard et Cornil. Loc. cit., p. 90.

par les auteurs du Dictionnaire encyclopédique des sciences médicales (t. I, 2e série, p. 648). Dans tous les cas, les ulcérations distinctes au début finissent par devenir confluentes et suivent la marche envahissante que nous venons d'exposer.

B. *Syphilis*. — L'ulcère syphilitique, avons-nous dit, peut succéder à une gomme qui subit la dégénérescence caséuse, et laisse après elle une perte de substance plus ou moins considérable ; ou bien, l'ulcération survient par le fait d'un catarrhe, dont le début semblait n'offrir aucun caractère spécifique bien tranché ; on constate d'abord une simple rougeur, qui se complique bientôt d'érosions très-superficielles de la muqueuse au point qu'elles ne sont visibles qu'à un éclairage puissant ; puis à cette lésion succède une véritable ulcération, qui à son tour ne tarde pas à s'étendre et surtout à gagner en profondeur, déterminant la perforation et la nécrose des cartilages qu'elle a atteints.

En un mot, dès le début, l'ulcération syphilitique est unique et rarement le nombre de ces lésions s'élève à trois ou quatre ; dans la tuberculose au début, elles sont nombreuses, et toujours, même dans les dernières périodes de la maladie, on trouve au moins quatre, cinq ulcérations et même davantage (1).

2° *Siége*. — A. De l'avis unanime de tous les auteurs, qui se sont occupés de pathologie laryngée, les parties de l'organe vocal le plus fréquemment atteints par l'*ulcération tuberculeuse*, sont en première ligne la muqueuse aryténoïdienne et inter-aryténoïdienne (voir observat. de XXXI

(1) Les ulcérations de nature tuberculeuse sont, en général, les plus nombreuses, les syphilitiques sont ordinairement en nombre peu considérable. (Barth. loc. cit.)

à XXXIX) ; puis, ainsi que l'a fait remarquer M. Barth (loc. cit.), ces lésions suivent une marche ascendante, et après avoir débuté par la face antérieure de la paroi postérieure du larynx, et souvent aussi par les cordes vocales inférieures, l'ulcération atteint, soit la partie inférieure de la face laryngée de l'épiglotte (Turck, Fauvel) et les bords libres de cet opercule, soit les bandes ventriculaires et les replis aryténo-épiglottiques. « Jusqu'à aujourd'hui, dit le Dr Mandl, on n'a pas constaté d'ulcération sur les replis aryténo-épiglottiques, sans qu'il en existe sur l'épiglotte ou les aryténoïdes (loc. cit) » ; si le fait est exact, les ulcérations de ces replis ne seraient donc que la continuation de ces dernières (1).

B. *L'ulcération syphilitique* suit une marche inverse à celle de la tuberculose, elle descend en général du pharynx vers l'organe phonateur (2), et attaque tout d'abord l'épiglotte ou ses replis, sur lesquels dans certains cas elle ne fait que se continuer ; viennent ensuite les cordes vocales inférieures, les cartilages aryténoïdes et les replis thyro-aryténoïdiens.

La marche de l'ulcération syphilitique est donc presque inverse de celle de la tuberculose ; mais là ne se bornent pas les caractères qui distinguent chacune de ces deux complications.

(1) M. Masséi, dans une séance du Congrès médical de Pise (Compte-rendu. Ann. mal. de l'or. et du larynx, mai 1879), après avoir parlé sur les différentes formes de tuberculose laryngienne, a insisté sur le siége de prédilection de l'ulcération pour la partie postérieure de l'organe vocal. Nous ajouterons, avec la plupart des auteurs, que cette préférence est due à la présence de glandes nombreuses en cette partie du larynx.

(2) Quant aux ulcérations syphilitiques, le petit nombre qu'il nous a été donné d'examiner anatomiquement occupaient la partie supérieure du tube aérien. Elles semblaient descendre de haut en bas des tonsilles dans le larynx. (Barth. Loc. cit., p. 143.)

J. -Moure.   7

3° *Aspect et forme.*— *A.*— Une fois constituée, *l'ulcéra-tion de la phthisie laryngée* présente une surface grisâtre, tomenteuse, irrégulière, et débordant le reste de la muqueuse, elle rappelle l'aspect de mucosités blanchâtres qui se seraient déposées aux points qu'elles occupent (Fauvel) : ses bords se reconnaissent à peine, et vont en se fondant dans les tis-sus qui les environnent (voir pl. II, fig. 4 et 5). C'est surtout sur l'épiglotte que les ulcérations tuberculeuses prennent ces caractères bien nets, et rappellent cet état sablé que nous venons de décrire ; sur la muqueuse aryténoïdienne, il est rare que les bords de l'ulcération ne soient pas mieux des-sinés et parsemés de végétations rougeâtres, végéta-tions en choux-fleurs qui rappellent vaguement les tumeurs ou crêtes de coq que l'on trouve sur la verge de certains sujets. Le fond de l'ulcération est lui-même couvert de pe-tites saillies grisâtres qui atteignent rarement un volume considérable. Enfin, il n'est pas rare de voir flotter dans l'intérieur du larynx des lambeaux de muqueuse disséqués par le travail ulcératif ; les cordes vocales inférieures, dé-tendues et ramollies, offrent une teinte sale, grisâtre, leurs bords sont déchiquetés et souvent en dents de scie (Fauvel) dans les points envahis par l'ulcération. Comme forme, l'ulcère tuberculeux est assez régulièrement arrondi, ova-laire ou allongé, surtout lorsqu'il siége sur l'épiglotte.

Nous ajouterons que, dans la phthisie laryngée, tous les tissus envahis par le travail destructif offrent une teinte pâle, anémique, presque spéciale à cette affection. On voit des détritus boueux, et les tissus ramollis, presque réduits en bouillies, sont le plus souvent baignés dans une nappe de pus grisâtre ou franchement jaunâtre.

B. — *L'ulcère syphilitique* revêt la plupart du temps une forme irrégulière, serpigineuse, d'une étendue parfois considérable (1). (Voir pl. II, fig. 3.) Au lieu de s'élever au-dessus des tissus qu'il envahit, il est, au contraire, situé dans les profondeurs de la muqueuse ; ses bords taillés à pic sont nettement circonscrits par une auréole inflammatoire, dont la rougeur plus ou moins vive tranche sur la coloration générale de l'ulcération qui est grisâtre (voir obs. XXXVIII à XLVIII). Le fond de cette dernière offre un aspect tomenteux, irrégulier, d'un gris sale, rosé dans les points (2) où se trouvent les végétations de volume variable. D'autres fois, on aperçoit au fond de l'ulcération syphilitique le cartilage dénudé et souvent nécrosé ; ce dernier a même été trouvé perforé de part en part.

Nous croyons devoir rapporter ici une remarque de Trousseau et Belloc, qui ont fait observer que chaque fois que le processus morbide est assez lent pour permettre au cartilage de s'ossifier, c'est la nécrose de ce dernier que l'on observe ; mais lorsque le travail destructif est rapide, et ne leur permet pas de subir ce travail préparatoire, les cartilages se carient.

Quant à savoir si la carie ou la nécrose des cartilages sont le fait de l'ulcération, ou celui d'une périchondrite primitivement développée, la question est fort difficile à résoudre, et nous pensons que les deux cas doivent exister. Nous ferons remarquer, comme nous l'avons fait pour l'ulcération tuberculeuse, que dans la syphilis tous les tissus atteints

---

(1) Les ulcérations de nature syphilitique sont quelquefois bornées à l'épiglotte et occupent souvent encore les côtés des cartilages aryténoïdes. (Hawking.)

(2) La surface des ulcérations est lisse et unie ou inégale, et présentant des débris de membrane muqueuse ou de tissu cellulaire épaissi, formant dans quelques cas un relief considérable. Cette dernière disposition se remarque fréquemment dans les ulcérations syphilitiques, dont la surface présente des végétations plus ou moins saillantes qui pourraient rétrécir l'orifice des voies aériennes (Barth, loc. cit.).

ont un aspect scléreux, *induré*, presque lardacé dans certains cas, fait qui a déjà été signalé pour les bords de l'ulcère syphilitique ; de plus, ils sont le siége d'une rougeur souvent très-intense, et également recouverts d'une sécrétion purulente plus ou ou moins abondante.

C'est surtout au niveau de l'épiglotte et dans les cas types que les ulcères tuberculeux et syphilitiques offrent les caractères tranchés que nous venons de leur assigner, car il faut bien reconnaître qu'il est des cas où les deux lésions offrent entre elles une telle analogie qu'il serait impossible, même à un œil très-exercé, de baser son diagnostic simplement sur l'aspect des ulcérations, quel que soit, du reste, le point du larynx envahi par le processus destructif Nous allons maintenant passer en revue les autres altérations de la muqueuse qui composent le cortége des ulcérations.

§ 3. — ŒDÈME SYPHILITIQUE ET TUBERCULEUX.

A. — Nous n'avons point parlé de l'œdème comme lésion précoce de la syphilis, car le fait a été bien rarement observé (1) ; Lebert (2) en a cité un cas ; les observations rapportées par Turck et Michaëlis (3) semblent répondre à de l'œdème survenu pendant la période ulcéreuse de la maladie. A ce moment, en effet, quelques auteurs s'accordent pour reconnaître que l'œdème est une complication fréquente des laryngites syphilitiques. Cependant

---

(1) Les complications qui peuvent compromettre directement l'existence, telles que l'œdème de la glotte par exemple, sont excessivement rares dans les laryngopathies syphilitiques. (Ch. Mauriac. Loc. cit. Ann. mal. de l'oreil. et du larynx, t, II, 1876, p. 137.)

(2) Lebert. Anat. path. génér. et spéciale, 1857, p. 582.

(3) Michaelis. In Wochenblatt der kk. Gesellshh, Aerzte in Wien., 1855.

nous croyons devoir faire remarquer, appuyés sur l'autorité scientifique du Dr Fauvel, que le véritable œdème est un épiphénomène des plus rares dans la syphilis laryngée. Cet auteur (1) nous dit ne l'avoir observé qu'une seule fois chez un individu syphilitique, porteur de deux ulcérations symétriques occupant la base de l'épiglotte, au point où commencent les replis aryténo-épiglottiques (voir fig. 3). Ces deux ulcérations, nettement dessinées et

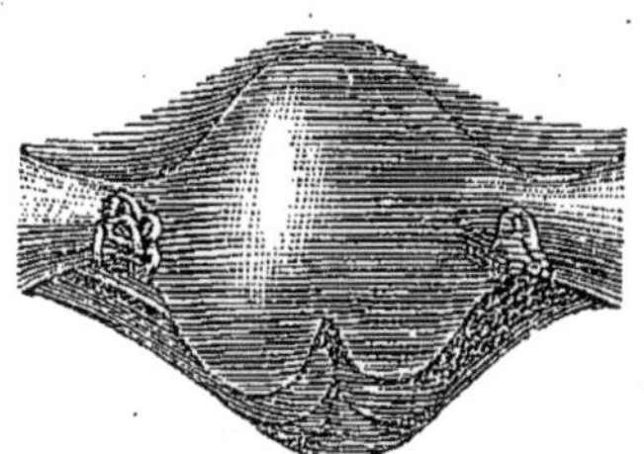

FIG. 3.

assez profondes, gênant la circulation de l'opercule glottique, avaient déterminé l'infiltration séreuse (véritable œdème) de l'épiglotte qui ressemblait à un véritable col utérin.

On observe, dans la syphilis, le gonflement des tissus plutôt que leur infiltration; ces derniers, tuméfiés et boursoufflés, sont généralement colorés en rouge et presque toujours indurés. Nous leur appliquerions volontiers la dénomination de sclérème, proposée par M. Doleris (2) pour l'œdème de la phthisie laryngée.

B. — M. le Dr Bordenave, marchant sur les traces de MM. Doleris et Gouguenheim, s'est efforcé, dans une thèse soutenue l'an passé devant la Faculté de Paris,

(1) La figure n° 3 a été empruntée aux planches coloriées du docteur Fauvel, qui a bien voulu nous permettre de la reproduire.

(2) Doléris (Recherches sur les tub. du lar., Arch. de phys. 2e série, t. IV, 1877).

de substituer l'expression sclérème à celle d'œdème pour désigner l'infiltration des tissus dans le cours de la tuberculose laryngée. Nous sommes parfaitement de l'avis de ces auteurs, lorsqu'ils disent que dans la phthisie laryngée on observe souvent une infiltration gélatineuse des tissus, que les mouchetures, pratiquées dans un but thérapeutique sur les parties tuméfiées, ne donnent, en général, issue à aucune trace de liquide. Nous savons parfaitement que sur le cadavre, après avoir fait une incision, il faut presser fortement pour faire sourdre une sorte de gelée compacte, contenant des corpuscules inflammatoires et un nombre variable de granulations tuberculeuses (Cornil, Debove, Coyne), mais nous avons également eu l'occasion d'observer le véritable œdème (infiltration séreuse) dans le cours de la phthisie laryngée. Les deux cartilages aryténoïdes s'offraient à la vue comme deux cerises blanches, accolés l'un à l'autre, de consistance molle et presque transparent, lorsqu'on employait un éclairage puissant, pour examiner les partïes infiltrées (voir observ. 2). Aussi, nous ne voyons nullement la nécessité d'apporter une nouvelle expression, et il nous paraît aussi simple de désigner sous les noms d'*œdème dur* et d'*œdème mou*, les différentes infiltrations que l'on constatera dans les tissus du larynx. Dans tous les cas, quelle que soit la nature des produits infiltrés, les portions de la muqueuse œdématiée sont en général pâles et exsangues, parfois elles ne diffèrent de la coloration de la muqueuse que pour présenter une teinte blafarde, grisâtre, qu'il est bien difficile de décrire exactement. Puis, comme le fait remarquer M. le professeur Jaccoud, l'infiltration de la tuberculose peut s'étendre aux cordes vocales, qui paraissent gonflées, arrondies, et à la muqueuse sous-jacente à ces dernières, pour constituer alors le véritable œdème de la glotte, dont nous rapportons un exemple dans nos planches (Pl. I, fig. 7), et dans une de nos observations (observ. n° 6).

D'autres fois, l'œdème de la tuberculose ne diffère nullement du gonflement qui accompagne l'ulcération syphilitique ; comme lui, il est rouge, dur, et l'on ne peut se baser sur ce signe pour appuyer son diagnostic.

Nous ne chercherons point à établir de distinction entre les végétations de la syphilis et celles de la tuberculose, car elles sont la plupart du temps absolument identiques ; quelquefois, celles de la vérole sont plus colorées et même assez rouges, celles de la tuberculose sont presque toujours grisâtres ou légèrement rosées.

Dans les deux cas, on peut trouver des lambeaux de muqueuse disséqués par l'ulcération et flottant dans l'intérieur du larynx, mais le fait nous a paru plus fréquent dans la phthisie laryngée.

Les caries, nécroses et arthrites ne diffèrent point dans les deux affections ; aussi croyons-nous inutile d'insister sur ces divers caractères communs aux deux maladies. Enfin, on pourra observer dans la syphilis laryngée la perforation ou la destruction plus ou moins complète de l'épiglotte, qui est enlevée comme à l'emporte-pièce, et plus ou moins déchiquetée (Pl. II, fig. 8.).

Le fait est plus rare dans la tuberculose seule. Il est généralement dû à l'action combinée de la tuberculose et de la scrofule. Les parties atteintes dans le cas dont nous avons rapporté un exemple (Pl. II, fig. 7) offraient un aspect torpide et une insensibilité telle que l'on touchait facilement l'épiglotte, à l'aide de caustiques assez énergiques (chlorure de zinc, nitrate d'argent), sans que le malade éprouvât la moindre gêne ; l'affection n'est pas moins restée stationnaire, à peine est-on parvenu à détruire quelques bourgeons charnus exubérants.

Dans les cas mixtes, lorsqu'il s'agit de syphilis et de tuberculose (pl. II, fig. 8), on pourra retrouver les lésions des deux maladies parfaitement distinctes, ainsi que l'on pourra le voir dans l'observation suivante :

OBSERVATION V.

(Communiquée par le Dr Coupard, chef de clinique du Dr Fauvel).
(Voir planche II, fig. n° 8).

Syphilis laryngée, destruction de l'épiglotte. — Phymie laryngée concomitante.

M. R..., employé à la préfecture de police, se présente le 2 janvier 1879 à la clinique du D^r Ch. Fauvel. Il éprouve la sensation d'un corps étranger dans le larynx, et sa voix est voilée.

Depuis l'année 1870, le malade tousse, en général, durant tous les hivers, il est essoufflé à la moindre marche ascendante.

Il n'avoue pas d'autres antécédents.

L'apparence extérieure est celle d'un homme bien portant.

Examen laryngoscopique. — Un peu de décoloration du voile du palais. L'épiglotte est grosse, d'un aspect dur, lardacée, avec une assez grande ulcération sur sa partie supérieure médiane. Le bord libre présente à gauche un bourrelet arrondi; le bord droit se termine en pointe retourné sur lui-même.

La région aryténoïdienne est gonflée, rouge, empiétant dans l'infundibulum laryngien. L'ouverture glottique s'aperçoit à peine. Dans les efforts de vomissements que fait le malade, efforts produits par l'examen, on aperçoit les cordes vocales inférieures grises, rougeâtres, exulcérées, recouvertes en partie par les cordes supérieures.

Cet examen nous donne à penser à deux ordres de lésions : celle de l'épiglotte que nous attribuons à la syphilis, celle de la région postérieure à la tuberculose.

Pressé de questions, le malade avoue avoir été soigné pour un chancre à l'âge de 22 ans, chancre mou, dit-il, pour lequel on lui donna des pilules.

La percussion donne de la sonorité exagérée.

A l'auscultation, expiration prolongée et soufflante, résonnance de la voix, mais pas de craquements, pas de râles.

Le traitement consiste en huile de foie de morue, arséniate de soude, iodure de potassium, *cautérisations locales* au chlorure de zinc 1/50 et une solution d'iode, d'iodure de potassium, laudanum, glycérine, révulsifs cutanés.

La dyspnée diminue, le malade constate une diminution dans la gêne laryngienne

Ce mieux persiste un mois environ, après quoi, le gonflement se reproduit, dépasse même sa limite première et la dyspnée, durant la nuit, devient asphyxie.

Nous donnons au malade le conseil d'entrer à l'hôpital pour subir la trachéotomie que nous regardons comme indispensable.

Il préfère se faire opérer chez lui par le Dr Desprès.

Un mois après la trachéotomie, M. R... revient à notre clinique et nous dit avoir eu une congestion pulmonaire vers le troisième jour après l'opération.

Rien au laryngoscope, l'état est à peu près le même ; nous continuons le même traitement et, depuis huit jours, c'est-à-dire deux mois après la trachéotomie, diminution du gonflement. Nous reprenons les cautérisations avec le chlorure de zinc.

2 mai. Plus d'ulcération sur l'épiglotte ; large bande de tissu cicatriciel, blanc, nacré ; gonflement de la région aryténoïdienne et de la bande ventriculaire droite ; corde vocale inférieure grise et déchiquetée.

On a pu voir, dans l'observation précédente, que le sujet offrait nettement les lésions d'une syphilis et d'une phthisie laryngée ; on verra également, dans nos planches, que l'épiglotte au moment ou nous l'avons dessinée offrait déjà les traces des cicatrices qui caractérisent la syphilis arrêtée dans sa marche et qui n'appartiennent qu'à cette diathèse.

§ 4° CICATRICES.

Nous n'allons point faire l'étude des différentes cicatrices que l'on peut trouver dans le larynx d'anciens syphylitiques ; nous ne ferons que laisser la parole à Virchow (1), qui les a parfaitement décrites :

« Dans des cas de syphilis avancée, on voit l'affection atteindre toute la face interne de l'épiglotte, les ligaments aryténo-épiglottiques, les cordes vocales et la partie inférieure du larynx.....

« ...Ici encore, il semble que le point caractéristique de l'affection est, comme je le disais à propos des cicatrices osseuses, une certaine improductivité dans le travail de cicatrisation formant un contraste saillant avec la prolifération abondante autour de l'ulcération. La masse cicatricielle est extrêmement épaissie, dure, calleuse ; elle se rétracte fortement ; sur les bords on voit s'élever des proliférations papillaires, elles sont soulevées par une masse cicatricielle. Elles ont l'aspect de trabécules ou de tampons lisses, blanchâtres, épais et sont constitués par un tissu conjonctif, épais, sclérotisé, d'apect cartilagineux. Quand la base de la langue est prise, on remarque des dépressions profondes et radiées de la surface linguale, tout comme on l'a observé dans l'hépatite et l'orchite interstitielle. »

En somme, les faits dominant dans la cicatrice syphilitique, ce sont ces traînées de tissus blancs, luisant et nacrés qui sont tout à fait particuliers à cette maladie et qui éclaireront singulièrement le diagnostic lorsqu'on aura occasion de les constater ; la tuberculose laryngée, en effet, ne donne jamais de cicatrices, puisqu'une fois arrivée à sa période ulcérative, elle n'est plus susceptible de régresser.

(1) Virchow. Syphilis constitutionnelle, 1860, p. 149 et suiv.

Enfin, nous dirons en terminant qu'il ne faudra point se baser sur tel ou tel symptôme pour porter son diagnostic, mais bien sur l'ensemble des caractères que nous avons assignés à chacune de ces deux laryngites, dans les cas douteux, examiner avec soin l'état des poumons du malade, le serrer de près dans son interrogatoire pour tâcher de découvrir quelque indice qui puisse nous mettre sur les traces de la vérité ; et, comme dernière ressource ainsi que nous avons déjà eu occasion de le dire, demander au traitemen de nous fixer sur la nature de l'affection.

Avant de passer aux observations qui doivent compléter ce travail, nous allons présenter un résumé succint des principaux traits qui distinguent la syphilis et la phthisie laryngée.

LARYNGITES

SYPHILITIQUES.	TUBERCULEUSES.

1° Symptômes généraux.

SYPHILITIQUES.	TUBERCULEUSES.
Voix. — *Période secondaire.* — Normale, ou rauque, perte de sa souplesse, de son expression.	Voix. — *Début.* — Enrouée, bitonale, aphonie quelquefois.
Période tertiaire. — Rauque, rarement éteinte.	*Période ulcéreuse.* — Eteinte, chuchotée.
Toux. — *Période secondaire.* — Nulle.	Toux. — Suivant l'état des poumons.
	Phthisie layngée pimitive. — Rare, à peu près nulle.
Période tertiaire. — Peu fréquente.	*Période ulcéreuse.* — Quinteuse, éructante, suivant les oscillations de la voix.

EXPECTORATION. — *Période secondaire.* — Nulle.

Période tertiaire. — Striée de sang, purulente (pus assez lié).

DOULEUR. — *Période secondaire.* — Nulle.

Période tertiaire. — Vive parfois, la pression l'augmente, la déglutition est généralement facile. Douleurs nocturnes.

RESPIRATION — Variable, quelquefois gênée aux deux périodes de la maladie, laryngosténose fréquente.

ADÉNOPATHIE secondaire très-marquée, ganglions volumineux et indurés roulants sous le doigt. Complétement indolores.

VOILE DU PALAIS normal.

EXPECTORATION. — *Début.* Peu abondante, muqueuse.

Période ulcéreuse. — Muco-purulente, purulente (pus grisâtre, mal lié, abondant).

Laryngorrhagies ?

DOULEUR. — *Période catarrhale.* — Sensation d'ardeur et de picotement.

Période ulcéreuse. — Douleur à la pression, nulle. Déglutition difficile, douloureuse, avec irradiation vers les oreilles. Dysphagie et régurgitations fréquentes.

RESPIRATION. — Facile au début. Œdème de la glotte, inspiration sifflante, quelquefois à la période ulcéreuse.

ADÉNOPATHIE. — Absence complète de tumeur ganglionnaire à toutes les périodes de la maladie.

(La seule fois où nous ayons constaté leur présence ils étaient volumineux, ramollis, et douloureux.)

VOILE DU PALAIS fortement décoloré, d'une teinte grisâtre boueuse. Anémie générale.

2° Signes objectifs.

SYPHILIS SECONDAIRE.

ERYTHÈME — Sur la commissure antérieure des rubans vocaux ou sur leur bord libre. Rougeur sombre.

Injection générale de la muqueuse.

PLAQUES MUQUEUSES. — Aspect grisâtre, gaufré, faisant saillie, mais déprimée au centre, liseré carminé inflammatoire.

PHTHISIE LARYNGÉE AU DÉBUT.
(Période catarrhale.)

INJECTION CATARRHALE. — Rougeur *vive* de la région aryténoïdienne, gonflement de cette muqueuse.

Etat granuleux, catarrhal des cordes vocales inférieures, rougeur par places (rose), fine arborisation.

Ou simplement anémie générale de la muqueuse.

EROSION TUBERCULEUSE. — Elle offre un aspect grisâtre, ne fait point saillie au-dessus de la muqueuse, ses bords sont confus et mal délimités, rougeur diffuse et gonflement de la muqueuse aryténoïdienne, altérations des cordes, coexistantes bien souvent.

SYPHILIS SECONDAIRE.

PHTHISIE LARYNGÉE AU DÉBUT.
(Période catarrhale.)

(Suite).

(Suite).

HYPERTROPHIE. — Circonscrite souvent aux replis thyro-aryténoïdiens. A l'épiglotte, ses replis et les aryténoïdes, rougeur sombre des parties atteintes, gonflement d'aspect scléreux. Pas ou peu de sécrétion.

GONFLEMENT de la muqueuse à la région aryténoïdienne avec les caractères précédemment décrits ; aspect, velvétique de cette dernière sécrétion catarrhale abondante.

Végétations papillaires de la phthisie laryngée primitive.

PARALYSIE. — Presque toujours unilatérale, souvent la corde gauche.

PARALYSIE.—Bilatérale, presque toujours défaut de rapprochement des rubans vocaux à la partie postérieure.

SYPHILIS TERTIAIRE.

PÉRIODE ULCÉREUSE ET NÉCROSIQUE

GOMMES. — Volumineuses, souvent (du volume d'un pois jusqu'à celui d'une noisette) jaunâtre, faisant saillie sous la muqueuse.

Dans les cas de tumeur gommeuse infiltrée, aspect jaunâtre et gonflement irrégulier.

Siége. — Epiglotte, portion glottique du larynx. Trachée.

ULCÉRATIONS. — Uniques ou peu nombreuses, de formes irrégulières, serpigineuses. Bords indurés, taillés à pic. Liseré inflammatoire, fond grisâtre sanieux, recouvert de pus assez lié.

TUBERCULES.—Tumeur grisâtre, d'aspect opalin, transparent, de petit volume, donnant un aspect sablé à la muqueuse.

Siége. — Muqueuse aryténoïdienne, portion sus-glottique.

ULCÉRATIONS. — Nombreuses, de forme ovalaire ou presque ronde, à bords déchiquetés, ramollis, souvent recouvertes de bourgeons charnus ou de végétations polypiformes. Le fond est grisâtre, sale, recouvert de pus de mauvais aspect, mal lié, souvent bourgeonnant. Véritable dissection de la muqueuse dont les lambeaux flottent dans l'intérieur du larynx.

Ou bien ulcération faisant saillie au-dessus de la muqueuse, ayant l'aspect d'un crachat ou de mucosité fixée au point qu'elle occupe.

Siége. — Epiglotte : ses replis ; marche en général de haut en bas, de la périphérie au centre.

Siége. — Muqueuse aryténoïdienne. Epiglotte, cordes vocales inférieures, marchent de bas en haut, souvent du centre à la périphérie.

SYPHILIS TERTIAIRE. | PÉRIODE ULCÉREUSE ET NÉCROSIQUE

(Suite). | *(Suite)*.

ŒDÈME. — Rouge, dur, c'est plutôt un gonflement inflammatoire.

ŒDÈME. — Blafard, pâle, mou ; infiltration gélatineuse en général, aspect cireux.

(On peut trouver l'œdème rouge et dur).

CICATRICES.—Traînées de tissus blancs, nacrés, tissus détruits comme à l'emporte-pièce.

CICATRICES. — N'existent jamais, destruction irrégulière des tissus.

Traitement. — Améliore et arrête les progrès du mal.

TRAITEMENT.— Impuissant pour arrêter la maladie arrivée à sa période ulcéreuse.

OBSERVATIONS.

(Voir les observat. I, II, III, IV et V (p. 31, 73, 77, 95 et 110).

(Voir les observat. I, II, III, IV et V (p. 31, 73, 77, 95 et 110).

OBSERVATION VI (personnelle).

Catarrhe aigu dû aux inhalations d'acide sulfureux survenu dans le cours d'une phthisie laryngée. Trachéotomie. Amélioration. (Voir Pl. I, fig. 7 et 8.)

M^mo E. Cr., chapelière, âgée de 48 ans, se présente le 13 janvier 1879 à la clinique du docteur Fauvel.

Elle est malade depuis 3 ans, époque à laquelle elle a eu, dit-elle, un chaud et froid qui lui a causé une bronchite dont elle ne s'est point guéri; depuis elle a continué de tousser.

Antécédents héréditaires. — Sa mère vit encore.

Père mort d'une affection pulmonaire dont elle n'a pu préciser la nature.

Deux sœurs mortes tuberculeuses, l'une à 35, l'autre à 22 ans. Une nièce morte de la même maladie à 27 ans.

La malade s'est aperçu depuis 5 ou 6 mois qu'elle avait maigri de 22 livres. Elle a perdu l'appétit et les forces. Pas de diarrhée, mais vomissements fréquents après des quintes de toux. Elle est ordinairement bien réglée. Sa voix a commencé à se voiler depuis environ deux ans et demi, et depuis cette époque il y a eu des alternatives de mieux et de mal.

Etat actuel. — Les symptômes précédents continuent leur cours, la malade amaigrie ne parle plus qu'à voix basse. En l'examinant on trouve d'abord :

Le voile du palais est profondément décoloré ainsi que la muqueuse du vestibule laryngien.

La région aryténoïdienne seule tranche par sa rougeur uniforme sur le reste de l'organe.

La corde vocale inférieure gauche se meut difficilement.

Du côté droit, la corde vocale supérieure rouge et un peu œdématiée recouvre presque entièrement le ruban vocal de ce côté, mais on ne constate aucune ulcération.

La malade se plaint de douleurs du côté du larynx, peu exagé rées par la pression, mais augmentées par les mouvements de déglutition.

Pas de ganglions, sous-maxillaires ou occipitaux, engorgés.

Poumons. — La percussion ne donne qu'une legère submatité sous la clavicule gauche et à la fosse sus-épineuse de ce même côté.

L'auscultation, au contraire, révèle des craquements à timbre humide sous la clavicule gauche,

La respiration est rude, et l'expiration prolongée du côté droit.

La malade est mise à l'huile de foie de morue, l'arséniate de soude, le phosphate de chaux, et on lui ordonne aussi un vési-catoire à demeure au bras gauche.

Le 27 janvier. On constate un défaut de rapprochement des cordes vocales inférieures et de la rougeur surtout marquée au niveau de la corde vocale inférieure droite.

La malade dit aller beaucoup mieux, mais la voix a plutôt encore baissé de ton.

27 février. La malade présente sous la corde vocale inférieure droite une végétation polypiforme qui occupe sa partie postérieure; cette tumeur a un aspect rougeâtre, elle déborde la corde vocale de ce côté et n'est autre chose qu'un gonflement de la muqueuse sous-glottique (œdème sous-glottique).

La corde vocale supérieure droite a un peu diminué de volume, mais les rubans vocaux présentent un aspect grisâtre.

26 mars. La malade, depuis le 27 février, s'était plainte à différentes reprises de sueurs nocturnes et de toux suivie d'expectoration qui rendaient son sommeil pénible; on lui ordonna une potion opiacée et des pulvérisations bromo-morphinées pour calmer la douleur qu'elle éprouvait, pendant la déglutition surtout. A ce moment la douleur se transmettait nettement à l'oreille

L'examen laryngoscopique montra l'existence de petites végétations grisâtres à l'extrémité postérieure de la corde vocale droite, de l'œdème de la région aryténoïdienne du côté opposé; la corde vocale gauche était rouge et ulcérée par places. L'œdème sous-glottique n'avait pas augmenté.

30 mars. La malade se plaint d'accès de suffocation revenant par intervalles. L'examen montre une rougeur généralisée de tout le vestibule de la glotte.

Toute la muqueuse est œdematiée, et la fente glottique mesure environ 1 mill. 1[2, en arrière à sa partie la plus large. (Voir pl., n° I, fig. 8.)

La malade respire difficilement; elle a du cornage et un peu de tirage. La voix est chuchotée. En l'interrogeant, on apprend qu'elle s'est exposée depuis quelques jours aux vapeurs d'acide sulfureux, pour le nettoyage de chapeaux de paille. C'est la cause qui a déterminé cette inflammation aiguë surajoutée aux lésions préexistentes et déterminé ce gonflement de toute la muqueuse laryngée.

Le 3 avril. Les accès de suffocation allant en augmentant d'intensité, le cornage et le tirage ayant augmenté, l'ouverture de la glotte se rétrécissant de plus en plus, on se tient prêt à faire la trachéotomie, qui est pratiquée dans la nuit du 4 au 5 avril. Depuis, la malade respire avec sa canule.

Les lésions pulmonaires ont fait un peu de progrès. Des deux côtés on entend des râles humides surtout marqués à gauche.

OBSERVATION VII (personnelle).

Phthisie laryngée chez un sujet scrofuleux. — Destruction de l'épiglotte dont la surface est bourgeonnante. — Déglutition normale· — Lambeaux de muqueuses flottant dans l'intérieur du larynx. — Végétations papillaires. (Voir pl. II, fig. 7.)

Eugène R..., commis d'architecte, 23 ans, se présente le 6 novembre 1878 à la clinique du docteur Fauvel.

Il est malade depuis 3 ans, époque à laquelle il a eu un rhume qui n'a jamais guéri depuis cette époque. L'été, la toux diminuait un peu pour recommencer par les temps humides et à l'entrée de l'hiver.

Antécédents héréditaires. — Rien à noter. Il a trois sœurs et trois frères tous également bien portants.

Antécédents morbides. — Pendant sa jeunesse il se rappelle avoir eu des croûtes sur la tête et la figure, à plusieurs reprises mal aux yeux, mal aux oreilles, mais il n'a jamais eu d'affection pulmonaire. Il y a un an environ, il a eu deux ou trois hémoptysies survenues à de courts intervalles de temps, et à cette époque sa voix était déjà voilée depuis environ 6 mois. C'est à peu près vers le commencement de l'année 1877 que remontent les premiers troubles vocaux ; à ce moment, le malade éprouvait une douleur assez vive au niveau du larynx, douleur surtout déterminée par les mouvements de déglutition ; il avait également à cette époque des sueurs nocturnes abondantes, et depuis, il a beaucoup maigri et perdu des forces.

État actuel, — Aujourd'hui le malade, amaigri, ne parle plus qu'à voix basse (voix chuchotée), il ne peut marcher un peu vite ou monter des escaliers sans être anssitôt essoufflé et obligé de s'arrêter pour reprendre haleine.

Il n'éprouve aucune douleur du côte du larynx, et la déglutition s'accomplit facilement, sans même occasionner de quintes de toux, ni de régurgitation. Le malade tousse peu, l'expectoration également peu abondante n'offre aucun caractère digne d'être noté. La toux est provoquée par une sensation de picotement à l'arrière-gorge. Les sueurs nocturnes ont persisté, mais sont moins abondantes ; l'appétit est assez bien conservé et les digestions s'accomplissent convenablement.

Examen laryngoscopique. — Décoloration presque complète du voile du palais ainsi que de tout le vestibule laryngien.

L'épiglotte, irrégulièrement détruite et épaissie, offre un demi-cintre bourgeonnant, rosé en certains points. Elle se meut difficilement et c'est avec peine que l'on peut lui faire prendre la position que nous avons représentée dans notre dessin (Pl. II, fig. 7), position qui permet d'apercevoir l'intérieur du larynx.

La muqueuse aryténoïdienne, pâle et gonflée, est recouverte de petites végétations papillaires assez nombreuses.
Le repli thyro-aryténoïdien droit recouvre presque entièrement la corde vocale inférieure de ce côtè, qui à son tour, gonflée et rosée par place, est érodée sur son bord libre ; la corde inférieure gauche est grisâtre et paraît ramollie et détendue. Le gonflement est surtout marqué sur le cartilage aryténoïde droit.

Nous dirons de plus que toutes ces parties étaient à peine recouvertes d'une sécrétion blanchâtre, pultacée, peu abondante, et que l'on pouvait impunément les cautériser, sans causer le moindre spasme ; elles étaient insensibles, et la cautérisation se faisait facilement à l'aide du miroir laryngien comme guide.

Poumons. — Diminution de la sonorité du côté droit à la percussion. Expiration rude et prolongée, sous la clavicule de ce même côté. Pas de râles d'aucune nature.

Traitement. — Huile de foie de morue. Arséniate de soude.

Toniques. Vésicatoire à demeure au bras gauche. Attouchements locaux, soit avec la solution au chlorure de zinc 1/50, soit avec une solution : iode, iodure de potassium et glycérine.

2 mai 1879. Les parties dont nous avons décrit les lésions sont restées stationnaires jusqu'à ce moment. Mais aujourd'hui, le malade commence à se plaindre d'une toux plus fréquente, qui est suivie d'expectoration muco-purulente. La dyspnée a augmenté. Il a même du cornage, et des accès de suffocation revenant à des intervalles assez éloignés. L'appétit n'a point diminué. L'état général est le même.

L'examen laryngoscopique montre que l'épiglotte est un peu plus régulièrement érodée à gauche que nous ne l'avons représentée dans notre dessin ; les bourgeons charnus ont disparu pour faire la place à une surface tomenteuse et légèrement mamelonnée. A droite, l'état primitif a persisté.

Du côté de la muqueuse aryténoïdienne, le gonflement a augmenté et l'on voit un peu à gauche du miroir (à droite du malade) un lambeau de muqueuse disséqué par l'ulcération qui flotte dans l'intérieur du larynx, et contribue à rétrécir l'orifice glottique.

L'examen des poumons révèle des craquements secs du côté droit.

On ajoute au traitement une potion morphinée.

20 mai. L'état du malade est le même que celui que nous venons de décrire ; les lésions pulmonaires ont fait chaque jour de sensibles progrès : les accès de suffocation ont un peu diminué ; le cornage et la dyspnée persistent et ne cesseront sans doute qu'avec la vie du malade.

OBSERVATION VIII (personnelle).

Phthisie laryngée. — Œdème de la corde vocale supérieure droite, faisant saillie dans l'intérieur du larynx. — Luxation du cartilage aryténoïde droit venant se placer en avant du cartilage gauche pendant les mouvements de phonation. (Planche II, fig. 1 et 2.)

Del... (Antoine), 54 ans, brocanteur, vint le 7 septembre 1878 à la clinique du Dr Ch. Fauvel.

Le malade vint principalement consulter pour sa voix, qui est très-enrouée depuis longtemps déjà, mais depuis un ou deux mois surtout elle s'est éteinte davantage, et par moment il est complétement aphone.

Antécédents héréditaires. — Rien à noter.

Antécédents morbides. — Fièvres intermittentes en Afrique. Chancre induré à la verge, il y a quatre ans, suivis de plaques muqueuses sur le voile du palais, les amygdales et la langue. Il fut soigné à l'hôpital du Midi à la consultation ; depuis, il n'a plus eu d'accident syphilitique jusqu'à cette époque.

Etat actuel. — Le malade est porteur d'une tumeur à la tempe gauche, dont il souffre peu, tumeur dure, résistante, qui ressemble à une production gommeuse ; il est amaigri, et tousse depuis assez longtemps déjà, l'expectoration est peu abondante, sans caractère. L'appétit est mauvais, mais la déglutition s'accomplit d'une façon normale, la pression sur le larynx ne réveille aucune douleur ; pas d'engorgement ganglionnaire.

L'examen laryngoscopique, facile à pratiquer, révèle d'abord une décoloration générale de la muqueuse laryngienne ; l'épiglotte est saine, finement arborisée.

La région aryténoïdienne est pâle, mais gonflée, œdématiée surtout au niveau de l'aryténoïde droit ; ce dernier, pendant l'ouverture de la glotte, au lieu de se porter un peu en dehors du milieu de l'ouverture glottique, dépasse au contraire ce niveau, et pendant les mouvements de phonation, au lieu de venir s'accoler à son congénère en plissant la muqueuse interaryténoïdienne, il passe en avant du cartilage aryténoïde gauche, attirant à lui la pointe de ce dernier, de telle sorte que l'orifice glottique est dévié ; ces mouvements s'accomplissent avec une certaine difficulté et une certaine brusquerie. En effet, avant de passer au devant du cartilage aryténoïde gauche, celui de droite arrive d'abord à son contact et chevauche ensuite par une espèce de mouvement de bascule. Afin de mieux représenter à l'esprit cette lésion, nous l'avons dessinée sur le sujet qui se prêtait facilement à l'examen laryngoscopique, et nous avons fait reproduire, dans nos planches, le larynx de ce malade ouvert et fermé. On verra de plus que le repli thyro-aryténoïdien droit est le siége d'un gonflement œdémateux, qui suffisait largement pour expliquer les troubles vocaux que l'on constatait.

Les cordes vocales étaient un peu érodées sur leur bord libre, et grisâtres.

Poumon. — Craquements secs sous la clavicule droite où l'expiration est rude.

Conclusion . — Malgré les antécédents spécifiques du malade, on a dû penser à la phthisie laryngée dont on constatait les lésions ; nous devons dire du reste que le malade venait d'être soumis pendant quatre mois à un traitement spécifique (sirop de Gibert, etc.) qui était resté sans effet. Les lésions n'en avaient pas moins continué leur marche envahissante.

OBSERVATION IX (personnelle).

Phthisie laryngée. — Ulcération de l'épiglotte. — Anémie laryngée.
Œdème de la muqueuse aryténoïde. (Voir pl. II, fig. 4.)

Rib... (Alfred), 35 ans, vérificateur en bâtiments, vint le 2 mars 1879, à la clinique du D^r Ch. Fauvel.

Ce malade a déjà été soigné pour une ulcération tuberculeuse de la lèvre inférieure, par M. le professeur Peter. Il est malade, dit-il, depuis six mois, époque à laquelle il a eu la voix absolument éteinte, il a en même temps de la gêne et de la douleur à la déglutition.

Pas de maladie antérieure, mais il s'enrhumait facilement et toussait tous les hivers, vomissements fréquents à la suite de quinte de toux. A maigri et perdu des forces.

Etat actuel. La voix est très-voilée ; la déglutition gênée ; la toux peu fréquente et l'expectoration muco-purulente.

Larynx. — Décoloration de la voûte palatine et du voile du palais qui se retrouve du côté de la muqueuse laryngienne.

Ulcération ovalaire de l'épiglotte, d'aspect grisâtre, et rosée en certains points ; elle offre un aspect granuleux, irrégulier, s'élevant au-dessus du reste de la muqueuse environnante qui est elle-même un peu tuméfiée. Les cordes vocales ne se rapprochent pas complétement, et la corde vocale inférieure droite, érodée dans la plus grande partie de son étendue, est rouge par places dans toute sa longueur, la gauche est grise et rouge à sa partie moyenne. La région aryténoïdienne est gonflée, et les cartilages aryténoïdes restent toujours accolés l'un à l'autre.

Poumons. — Craquements humides et respiration rude sous la clavicule droite. Expiration soufflante et craquements très-nets dans la fosse sus-épineuse du côté gauche.

OBSERVATION X (personnelle).

Phthisie laryngée au début. — Congestion et rougeur de la
muqueuse aryténoïdienne.

Louis Andr…, 31 ans, garçon boucher, est malade depuis le mois de juin 1878, époque à laquelle il a eu une bronchite ; depuis il n'a pas cessé de tousser et a perdu beaucoup de force. Le [malade, qui se pesait, dit avoir perdu 28 livres en cinq semaines. Il n'a point eu de diarrhée, n'a pas trop perdu l'appétit ; à diverses reprises il a eu des sueurs nocturnes.

Antécédents morbides et *héréditaires.* — Nuls.

23 février 1879. La voix est rauque et enrouée. Toux peu fréquente.

Expectoration presque nulle, muqueuse. Absence de douleur, déglutition facile, pas d'engorgement ganglionnaire. Voile du palais normal. Epiglotte saine.

Région aryténoïdienne gonflée et surtout congestionnée, d'un rose très-vif ainsi que les cordes vocales inférieures à leur partie postérieure ; elle rappellent l'état que nous rapportons (Pl. 1, fig. 6).

Cordes supérieures un peu tuméfiées et recouvrant les inférieures, d'où l'enrouement, la voix éteinte que l'on observait à de courts intervalles.

Traitement. — Arséniate de soude, huile de foie de morue, toniques. Attouchement du larynx avec une solution de chlorure de zinc au 1/50.

10 février. Le malade parle plus facilement, mais la voix est toujours enrouée. Le gonflement et la rougeur de la région aryténoïdienne ont un peu diminué.

Le 22. L'amélioration continue, les cordes sont presque normales. Le malade ne revient plus se faire cautériser.

OBSERVATION XI (personnelle).

Phthisie laryngée au début.

François D..., 33 ans, limonadier, n'accuse aucun symptôme de tuberculose, se plaint seulement d'avoir la voix enrouée depuis bientôt trois mois. Pas d'antécédents morbides et héréditaires.

3 février. Voile du palais un peu décoloré.

Larynx. — Congestion de toute la muqueuse aryténoïdienne marquée surtout sur le cartilage gauche. Erosions sur la partie postérieure des deux cordes vocales inférieures, qui semblent ramollies, et présentent une fine arborisation.

L'épiglotte et le reste du larynx sont sains, mais un peu anémiés.

Traitement. — Arséniate, de soude, H. F. M. Toniques. Attouchements au chlorure de zinc 1/50.

Le 10. Aucun changement dans l'état du malade.

Poumons. — Percussion, rien.

Auscultation, respiration rude et craquements humides sous la clavicule droite.

3 mars. La voix est presque normale, la muqueuse aryténoïdienne est encore un peu rouge.

Le malade ne revient plus.

OBSERVATION XII.

(Communiquée par le Dr Coupard, chef de clinique du D^r Ch. Fauvel.)

Phthisie laryngée prise au début. — Congestion et gonflement de la muqueuse aryténoïdienne. — Ulcération. — Végétation polypoïde de la corde vocale gauche.

Emile V..., 43 ans, employé de commerce, vint le 2 février 1879 à la clinique du Dr Fauvel.

Il raconte être malade depuis 12 ans, c'est-à-dire avoir toujours toussé depuis cette époque. En 1870, M. le professeur

Verneuil lui enleva les amygdales, et sa voix enrouée déjà depuis quelque temps ne devint pas meilleure.

Un deuxième interrogatoire, nous apprend que la toux n'existe réellement que depuis le mois de novembre 1878 ; que le malade s'enrhume facilement ; il a peu d'appétit, mais ne veut pas avoir maigri, il n'a point eu d'hémoptysies, ni de sueurs nocturnes.

L'examen laryngoscopique révèle une coloration normale du voile du palais, l'épiglotte est saine, mais la muqueuse aryténoïdienne est le siége d'une rougeur et d'une congestion intense.

Les cordes vocales offrent un état catarrhal sans valeur pour le diagnostic.

L'examen des poumons révèle l'existence de craquements secs sous les clavicules.

10 mars. La toux a augmenté, le malade mange peu et depuis quelque temps a des sueurs nocturnes ; sa voix est devenue plus enrouée, elle est même éteinte par moments.

Le laryngoscope montre une ulcération occupant le tiers postérieur de la corde vocale gauche et une petite tumeur polypoïde siégeant à l'insertion de cette même corde en arrière. Le gonflement de la muqueuse a un peu augmenté.

Traitement. Toniques, arsenic. H. F. M.

Attouchements au chlorure de zinc 1/50 ; pilules d'atropine pour diminuer les sueurs.

2 mai. Le malade s'est absenté pendant une quinzaine de jours, obligé de voyager pour son commerce ; la toux n'a pas diminué, il avoue avoir remarqué qu'il commençait à maigrir, son appétit n'est pas revenu, la voix est toujours voilée.

L'état du larynx est le même, sauf la coloration de la muqueuse qui, de rose ou rouge en certains points, est devenue grisâtre, anémique. Le voile du palais est lui aussi décoloré. La tumeur polypoïde a un peu augmenté.

On ne trouve aucun ganglion sous-maxillaire ou occipitaux engorgés.

On continue le traitement.

OBSERVATION XIII (personnelle).

Phthisie laryngée débutant par les cordes vocales inférieures qui sont rouges (rosées) par places surtout dans leur tiers postérieur. — Légère tuméfaction de la muqueuse aryténoïdienne. (Planche I, fig. 3.)

Terr... (Jean), 35 ans, placier, se présente le 2 janvier 1879 à la clinique du professeur Fauvel,

Il est malade depuis le 8 novembre 1878, époque à laquelle il a eu une pleurésie du côté droit ; un mois environ après cette époque, il fut pris d'aphonie presque complète en l'espace de peu de temps, sans cause appréciable ; à cette époque le malade nous dit qu'il toussait beaucoup, l'expectoration abondante était jaunâtre. Il n'éprouvait que quelques picotements à l'arrière-gorge, mais pas de douleur. La déglutition s'accomplissait bien.

Antécédents héréditaires — Rien à noter.

Etat actuel. — La voix est presque entièrement voilée, le malade est amaigri et sans force, la moindre marche rapide le fatigue et le met hors d'haleine. L'appétit est assez bien conservé.

Absence de tumeur ganglionnaire. La pression sur le larynx n'est point douloureuse, et la déglutition s'accomplit facilement.

Examen. — Décoloration du voile du palais.

Epiglotte saine ainsi que ses replis, sauf au niveau de la région aryténoïdienne qui est un peu gonflée et tuméfiée.

Etat velvétique de la muqueuse intra-aryténoïdienne.

Défaut de rapprochement des cordes vocales inférieures. Ces dernières, de plus, sont le siége de légères érosions très-superficielles et légèrement rosées en plusieurs points de leur surface, surtout dans leur tiers postérieur ; les autres points sont d'un blanc laiteux sans reflet brillant. Les replis thyro-aryténoïdiens sont sains, mais un peu décolorés.

Traitement. — Arséniate de soude, huile de foie de morue, vésicatoire à demeure au bras gauche. Toniques, phosphate de chaux, attouchements locaux au chlorure de zinc (solution, 1/50).

20 février. La région aryténoïdienne est moins gonflée, elle

est pâle ; les cordes inférieures sont toujours rouges par place (c'est à cette époque que nous avons fait notre dessin colorié).

Poumons. — Expiration un peu prolongée sous la clavicule droite, pas de râles ; la percussion ne révèle aucune altération.

10 mars. La voix du malade est devenue meilleure, quoique toujours enrouée. Il se plaint des sueurs nocturnes abondante pour lesquelles on lui donne des pilules d'atropine (un milligr.). L'état du larynx est presque toujours le même, les cordes sont peut-être un peu moins rouges à leur partie moyenne.

Le 24. Le malade continue à tousser, mais parle facilement. A ce moment, les cordes vocales n'étaient plus rouges que dans leur tiers postérieur ; le reste du larynx était simplement un peu décoloré ; l'épiglotte finement arborisée. Le malade est obligé de s'absenter pendant quatre mois pour affaires. L'auscultation révélait sous la clavicule droite et dans la fosse sus-épineuse de ce côté, une respiration accompagnée de râles secs (craquements).

OBSERVATION XIV (personnelle).

Anémie profonde de la muqueuse laryngienne.
(Phthisie laryngée.)

A. D..., 37 ans, employé au chemin de fer, est couché au lit n° 9 de la salle Saint-Louis (Hôtel-Dieu), service du Dr Fremy. Il est malade depuis le mois de novembre 1878, époque à laquelle il a eu une aphonie complète et une bronchite qui n'a plus guéri depuis. Il a du reste toujours toussé; au mois de novembre 1878 il a eu deux hémoptysies assez abondantes qui l'ont profondément anémié. Ses antécédents morbides se résument en plusieurs attaques de bronchite et une péritonite chronique dont le retour aigu l'a forcé à entrer à l'hôpital.

Il offre tous les dehors d'un tuberculeux et l'examen des poumons confirme les soupçons.

Sa voix, aujourd'hui presque normale, a été profondément altérée, voilée, avec des alternatives d'extinction complète. C'est pour ces motifs qu'il vint, le 21 mars 1879, à la clinique du Dr Fauvel,

L'examen révéla d'abord une profonde décoloration du voile du palais, ainsi que de toute la muqueuse laryngienne. Les cordes vocales ne se rapprochaient pas complètement, et offraient sur toute leur étendue une fine arborisation qui tranchait sur la pâleur générale de l'organe; en arrière, elles étaient rouges uniformément; des replis thyro-aryténoïdiens tuméfiés, mais également pâles, recouvraient les rubans vocaux.

15 avril. Le malade eut une hémoptysie qui augmenta l'anémie dont il était atteint.

L'examen laryngoscopique, que nous pûmes pratiquer le lendemain, révéla une pâleur telle de tous les tissus, que l'on distinguait à peine les bandes ventriculaires des véritables cordes vocales. Les replis aryténo-épiglottiques se confondaient avec les fossettes hyoïdiennes et l'aspect général était d'un gris terreux.

Toute trace d'arborisation avait disparu.

Le 17. Le malade fut pris d'un tympanisme considérable, de douleurs abdominales localisées à l'hypochondre droit et se décida à entrer à l'hôpital le 27 avril 1879.

Aujourd'hui, sa voix est revenue normale ou à peu près, il ne se plaint plus de son larynx.

OBSERVATION XV (personnelle).

Phthisie laryngée au début. (Pl. I, fig. 6.)

Mme Th..., 21 ans, couturière, vint à la clinique du Dr Fauvel, le 27 avril 1879.

Elle est malade depuis 6 mois, époque à laquelle elle a eu la voix enrouée; puis quatre mois plus tard elle devint complétement aphone.

Pas d'antécédents morbides ni héréditaires.

Amaigrissement progressif jusqu'à aujourd'hui, perte des forces, sueurs nocturnes. Perte d'appétit. Douleurs entre les épaules, menstruation régulière, mais peu abondante, pas de leucorrhée.

Larynx. — Rougeur vive bornée à la région aryténoïdienne et à la partie postérieure de la corde vocale droite. Toutes ces parties de l'organe vocal sont légèrement tuméfiées, les rubans vocaux ne se rapprochent pas complétement, le reste du larynx est sain.

Aujourd'hui, la voix est simplement enrouée, la malade

éprouve un léger picotement à l'arrière-gorge, pas de douleur, peu de toux, expectoration insignifiante.

Poumons. — L'examen le plus minutieux ne peut revéler de lésion bien nette, la respiration s'entend mal sous les deux clavicules.

10 mai. Le gonflement de la muqueuse aryténoïdienne a augmenté, ainsi que la congestion de ces parties. L'examen des poumons n'indique aucun changement appréciable survenu dan ces organes.

OBSERVATION XVI (personnelle.)

Syphilis laryngée.— Erythème des cordes vocales inférieures.

A. Lap..., 38 ans, chanteur, a eu au mois de décembre 1878 un chancre infectant, et depuis une éruption secondaire.

La voix est devenue un peu moins étendue depuis quelque temps, il a perdu deux ou trois notes élevées, et il a remarqué qu'il chantait moins facilement.

Toux et expectoration nulles.

14 mai 1879. Il est porteur de plaques buccales et labiales, et l'examen laryngoscopique montre que les deux cordes vocales inférieures sont le siége d'une röügeur sombre plus marquée sur la corde droite; les cordes vocales supérieures sont également un peu injectées et un peu épaissies, mais l'épiglotte et le reste du larynx paraissent absolument sains.

Engorgement des ganglions sous-maxillaires et occipitaux très-marqué.

Traitement mercuriel, bains de vapeur, toniques.

OBSERVATION XVII (personnelle).

Syphilis laryngée. — Erythème sur le bord libre et la commissure antérieure des cordes vocales. (Voir pl. I, fig. 2.)

16 février 1879. Rouv.... (Ant.), 48 ans, militaire, a eu il y a quatre mois, un chancre induré à la verge, depuis éruption secondaire, papules, pustules cutanées, plaques muqueuses à la gorge, sur les piliers et les amygdales, dont on retrouve aujour-

d'hui les traces. Chute de cheveux. La voix est enrouée, rauque depuis quinze jours. Pas de douleurs, de toux, ni d'expectoration.

Examen. Plaques opalines sur la voûte palatine et le pilier antérieur droit.

Larynx. Cordes vocales d'un rouge sombre, à leur bord libre et au niveau de la commissure antérieure. Rougeur disséminée dans le reste du larynx. Léger gonflement des replis thyro-aryténoïdiens.

Engorgement des ganglions occipitaux et sous-maxillaires.

Traitement. Spécifique.

10 mai. L'injection générale du larynx a diminué, mais les cordes ont à peu près le même aspect que la première fois. La voix est toujours rauque.

1er mai. Il reste à peine un léger érythème borné à la commissure antérieure des rubans [vocaux, la voix est à peu près normale.

OBSERVATION XVIII.

(Communiquée par le Dr Coupard.)

Erythème syphilitique sur le bord libre des cordes vocales.

17 février 1879. Ren..., (Ant.), 45 ans, menuisier.

Syphilis datant de cinq mois.

Voix enrouée, rauque depuis trois semaines. Pas de toux ni d'expectoration. Eruption cutanée, roséole, plaques muqueuses buccales.

Examen. Larynx. Injection générale par plaques marbrées surtout au niveau des bandes ventriculaires. Erythème sombre, diffus, occupant les deux cordes vocales inférieures, mais surtout marqué sur leur bord libre.

Engorgement des ganglions sous-maxillaires et occipitaux.

OBSERVATION XIX (personnelle)

Syphilis laryngée. — Plaque opaline siégeant sur l'épiglotte.

Gilbert (Ch.), âgé de 27 ans, chanteur, se présente à la clinique du Dr Fauvel le 12 mai 1879.

Antécédents héréditaires. Nuls.

Antécédents morbides. Chancre infectant situé sur le gland, ayant apparu au mois de janvier; depuis, éruption secondaire caractérisée par des papules en différents points du corps, et des plaques muqueuses dans la gorge.

Depuis quinze jours environ, sa voix s'est altérée, il éprouve de la gêne à la déglutition. Pas de toux ni d'expectoration.

Examen. Engorgement très-marqué des ganglions occipitaux et sous-maxillaires.

Plaques muqueuses sur la lèvre inférieure et sur les deux piliers antérieurs.

Le laryngoscope montre sur la partie médiane de l'épiglotte, qui est un peu gonflée et rouge à ce niveau seulement, la présence d'une plaque opaline, irrégulière mesurant environ 3 millim. de long sur 2 de large, et elle occupe le bord libre de l'opercule glottique dont elle suit le contour; elle est nettement circonscrite par un liseré foncé, et déprimée à son centre au point que l'épiglotte semble prête à se fendre et à devenir bifide, ayant à ce niveau la forme d'un petit V dont la pointe regarderait en bas.

Les cordes vocales inférieures sont d'un rouge sombre, vermillonné sur leur bord libre et dans leur tiers antérieur.

Le reste du larynx est à peine le siége d'une légère injection diffuse.

Traitement. Frictions mercurielles. Bains de vapeur. Attouchement des plaques à la teinture d'iode. Toniques.

OBSERVATION XX.

(Tirée des Annales des maladies de l'oreille et du larynx. Krishaber et Mauriac, 1875, t. I, p. 63.)

Laryngopathie indolente et à marche irrégulière, survenue deux mois et demi après l'accident primitif en même temps que d'autres manifestations syphilitiques de moyenne intensité, et présentant au bout de quinze jours, une plaque muqueuse caractéristique sur la corde vocale inférieure gauche. Au bout de 45 jours, trois plaques muqueuses non ulcérées, une sur la corde vocale gauche, deux plus petites sur la droite.

P... (Louis), âgé de 24 ans, journalier, entré le 18 décembre 1872, salle 7, n° 3, à l'hôpital du Midi, sorti le 18 janvier 1873, se porté habituellement bien et n'a jamais eu aucune maladie commune générale ou locale. En 1868, il contracta un chancre simple, qui ne fut pas suivi d'accidents constitutionnels.

Vers le 18 septembre 1872, apparition d'un chancre infectant dont l'incubation est incertaine. Guérison au bout d'un mois.

Deux mois après, douleur en avalant, produite par une angine violente de 15 jours de durée environ. A cette époque, c'est-à-dire deux mois et demi environ après l'apparition du chancre et dans les 5 ou 6 premiers jours de novembre 1872, enrouement survenu sans cause occasionnelle, et non accompagné de toux ni de douleur laryngienne. Cet enrouement variait beaucoup d'intensité quelquefois du matin au soir; parfois même, la voix s'éteignait complétement. Le malade n'a commencé à suivre un traitement interne (liqueur de Van Swieten) que dans les premiers jours de décembre. Parmi les accidents consécutifs, il faut signaler aussi une roséole érythémateuse, des croûtes dans les cheveux, des plaques anales et des adénopathies inguinales et cervicales.

Lors de son entrée à l'hôpital, la voix était presque éteinte. Il a été touché deux fois avec la solution iodée. La voix s'est améliorée peu à peu, et, quand il est sorti, elle était encore enrouée, mais non plus déchirée ou stridente.

Voici le résultat de l'examen laryngoscopique fait le 22 décembre 1872 (3° mois du chancre, 15e jour de la laryngopathie). Sur la corde vocale inférieure gauche, au point de réunion des deux tiers antérieurs avec le tiers postérieur, il existe une plaque muqueuse très-nette et très-caractéristique, d'environ 5 millim. de diamètre, déprimée à son centre, de forme ovalaire, située sur le bord libre et suivant la direction antéro-postérieure. Au point correspondant sur la corde vocale droite, l'épithélium est épaissi, opalin, et un travail semblable commence à s'y faire.

La santé générale du malade avait toujours été très-bonne et peu influencée par la syphilis. Du reste, les manifestations avaient été bénignes; les plus sérieuses consistaient en plaques syphilitiques, symétriques, survenues sur la partie antérieure de chaque jambe, qui s'ulcérèrent, suppurèrent un peu et guérirent en trois semaines, de la fin de décembre au milieu de janvier.

Quant à la laryngopathie, elle a toujours été indolente, sans douleur locale, sans dyspnée, sans catarrhe laryngo-trachéal. De temps à temps, il survenait des picotements et une sensation désagréable de sécheresse dans la gorge.

Le 19 janvier (4° mois du chancre, 45° jour de la laryngopathie), on constata à l'aide du laryngoscope : 1° sur la corde vocale gauche, la même plaque muqueuse dont la description a été donnée ; 2° sur la corde vocale droite et vers son milieu, deux plaques muqueuses semblables à la précédente, mais plus petites. Les trois plaques étaient déprimées à leur centre, mais non ulcérées, entourées d'une zone grise d'épithélium épaissi. L'enrouement était un peu moindre que dans les premiers jours de janvier.

Guérison de tous les autres accidents syphilitiques. Santé générale très-bonne.

OBSERVATION XXI.

(Annales des maladies de l'oreille et du larynx, 1875, t. I, p. 66.
Krishaber et Mauriac.)

Laryngopathie progressive et indolente survenue sans cause occasionnelle appréciable au 10° mois d'une syphilis légère. — Plaques muqueuses de l'isthme du gosier. — Sur le bord libre de la corde vocale inférieure gauche, plaque muqueuse caractéristique saillante et non érodée, semblable à celle de l'isthme. — Petits îlots d'un blanc mat, disséminés sur les deux cordes vocales.

G... (Jean), 22 ans, entré le 8 février 1873 dans le service de M. Mauriac, salle 6, nᵘ 6, se portait bien et n'avait jamais eu de laryngites, lorsqu'en mars 1872 il contracta un chancre infectant situé sur la muqueuse préputiale, qui fut guéri au bout de deux mois.

Ce chancre, accompagné d'une adénopathie bi-inguinale, fut suivi d'accidents légers, parmi lesquels le malade signale une roséole érythémateuse. Traitement interne spécifique depuis le début de la maladie.

Cette laryngopathie indolente était survenue sans fièvre, sans toux, sans suffocation, et sans être provoquée par aucune des causes occasionnelles des laryngites.

Le 14 février (11e mois de la syphilis, 1er de la laryngopathie), après avoir augmenté progressivement, elle présentait l'état suivant: pas de douleurs spontanées ou provoquées. L'action de parler est pénible et nécessite quelques efforts. Les sons élevés sont impossibles à émettre, les sons moyens sont voilés et enroués. Plaques muqueuses sur les amygdales (deux cuillerées de sirop de biodure ioduré). D'autres plaques muqueuses, situées sur la face antérieure du voile du palais près du bord libre et de la base de la luette, sont remarquables par leur saillie au-dessus des parties voisines et par leur aspect corné; elles ont la largeur d'une pièce de deux centimes. Il y en a d'autres moins saillantes sur les amygdales.

Examen laryngoscopique le 23 février (5e semaine de la laryngopathie). Les deux cordes vocales inférieures sont parsemées, dans le sens antéro-postérieur, de vaisseaux dilatés, très-rouges. Cette injection vasculaire est surtout très-prononcée le long des bords adhérents.

Au niveau de l'attache supérieure de la corde vocale gauche, sur son bord libre, on voit distinctement une plaque muqueuse, un peu saillante, blanchâtre et en tout semblable aux plaques muqueuses qui recouvrent les amygdales.

Sur la même corde vocale, à la partie moyenne et un peu en arrière, on voit deux petits îlots d'un blanc mat, dont l'un semble superficiellement érodé.

Sur la corde vocale droite, il y a également de petites plaques blanchâtres, comme celles du côté opposé. On les croirait recouvertes de membranes de nouvelle formation.

Le malade a été perdu de vue.

OBSERVATION XXII.

Plaques muqueuses siégeant sur l'épiglotte.
(Communiquée par M. Lalesque, interne des hôpitaux.)

La nommée Louise M..., couturière, âgée de 20 ans, est entrée à l'hôpital Lourcine le 21 décembre 1878, salle Saint-Louis, n° 36. (Service du Dr Nicaise.)

Antécédents morbides. Nuls, menstruation régulière.

Antécédents héréditaires. Sa mère est morte de tubercules pul-

J.-Moure.

10

monaire. Au mois d'octobre 1878 elle fut atteinte d'un chancre infectant siégeant aux parties génitales ; lors de son entrée à l'hôpital, elle présentait des plaques muqueuses vulvaires abondantes et accompagnées de pléiades ganglionnaires aux aines età l'occiput.

Le 20 mars 1879, elle se plaignit de douleurs siégeant aux parties latérales du larynx, mais sa voix ne fut point altérée.

L'examen laryngoscopique montra deux petites plaques opalines légèrement proéminentes au-dessus du reste de la muqueuse, circonscrite par une auréole inflammatoire assez rosée. Ces deux plaques siégeaient sur la face linguale de l'épiglotte et mesuraient environ un millimètre de large et trois de long; elles étaient séparées l'une de l'autre par un espace très-restreint de muqueuse. Les cordes vocales et le reste du larynx étaient absolument sains, mais un peu injecté.

Les ganglions sous-maxillaires étaient engorgés. L'examen de la poitrine ne révéla rien d'anormal. Traitement spécifique : proto-iodure de mercure, etc.

2 avril. Toute trace de plaque muqueuse a disparu, ainsi que la douleur dont se plaignait la malade.

Observation XXIII (personnelle).

Syphilis laryngée. — Erythème piqueté des cordes vocales inférieures.

Louis P..., cordonnier, 41 ans, a mal à la gorge depuis trois mois; il a été déjà traité pour une angine spécifique à la consultation de l'hôpital Saint-Antoine. Il vient aujourd'hui 6 février 1879, à la Clinique du Dr Fauvel.

Il avoue avoir eu un chancre induré, des accidents secondaires, dont on trouve du reste les traces sur le voile du palais, où l'on constate encore du côté gauche des plaques muqueuses avec leur liseré carminé.

L'examen du larynx révèle une rougeur sombre de l'épiglotte et de tout le vestibule laryngien. On ne constate la présence d'aucune érosion, mais les cordes vocales inférieures sont le siége d'une rougeur, qui est disposée en pointillé sur toute leur longueur ; en avant, ces taches deviennent plus confluentes et forment une nappe rouge un peu plus uniforme.

La voix du malade est rauque et criarde.

La toux et l'expectoration sont nulles.

Engorgement des ganglions sous-maxillaires et occipitaux.

Pas de traces de lésions pulmonaires.

Les plaques buccales ont été touchées à la teinture d'iode pendant que le malade suivait un traitement mercuriel.

27 février. Les plaques de la bouche ont presque entièrement disparu, le larynx est à peu près dans le même état. Le malade s'absente jusqu'au 10 mai époque à laquelle on constate la disparition de l'érythème laryngien.

Observation XXIV.

(Annales de dermatologie et de syphilographie, 1875, p. 303)
(Poyet.)

P... (Alfred), 31 ans, tourneur, vient consulter M. le Dr Fauvel à sa clinique le 22 mai 1869. Ce malade se plaint de ce que depuis deux mois, sa voix va toujours en s'abaissant. Auparavant, il avait la voix très-claire et un certain talent comme chanteur. M. P... n'a jamais été malade, il n'est pas sujet à s'enrhumer, il ne tousse pas, il n'a jamais craché de sang. A l'auscultation de la poitrine, on trouve un peu de submatité du côté droit. Marié, il est père de deux enfants jouissant d'une parfaite santé.

Il ne se rappelle pas avoir eu de chancre ; il parle bien d'une petite ulcération qu'il a eue, il y a 2 ans, sur le prépuce, près du frein ; mais comme elle a disparu sans traitement avec des lotions d'eau fraîche, il l'a considérée comme un simple bobo. Quoi qu'il en soit, il y a 4 mois, il se réveilla un matin avec une roséole très-intense. Actuellement, nous constatons un psoriasis palmaire, des ganglions cervicaux très-développés, un impétigo du cuir chevelu et une corona veneris bien évidente.

En examinant la bouche, nous trouvons une grande ulcération grisâtre sur l'amygdale droite, se prolongeant sur les piliers du même côté.

A l'examen laryngoscopique, nous constatons une forte rougeur des deux cordes vocales inférieures ; la gauche présente sur son milieu une tache ecchymotique ; la droite, gonflée, est érodée sur toute sa surface, rouge, et ses bords sont finement dentelés. A part une vive rougeur, l'épiglotte, les cordes vocales supérieures, les cartilages aryténoïdes ne présentent rien de particulier à noter.

La voix de M. P... n'est pas éteinte, elle est seulement très-grave, et il semble parler dans une cavité fermée.

M. P... est soumis à un traitement mercuriel et à l'iodure de potassium à la dose de 1 gr. 50 par jour.

Les ulcérations de la bouche et du larynx sont touchées avec de la teinture d'iode pure.

Au moment où la corde ulcérée est touchée, M. P... se plaint d'une douleur dans l'oreille droite, douleur très-supportable, du reste.

Le 29. Le malade revient. Depuis le jour où il est venu la première fois, il se cautérise lui-même la bouche avec la teinture d'iode ; aussi l'ulcération amygdalienne est-elle presque complétement cicatrisée.

L'ulcération de la corde vocale elle-même est en voie d'amélioration ; la corde gauche n'est plus rouge, le point ecchymotique a disparu, et la corde droite est un peu dégonflée.

La voix est toujours mauvaise.

Nous retouchons la corde avec la teinture d'iode ; la douleur d'oreille ne se fait pas sentir.

Le 2 et le 6, nous continuons le même traitement. L'ulcération est presque complétement cicatrisée ; la voix revient un peu.

Le 9. Le malade revient nous voir pour la dernière fois. L'ulcération de la bouche a disparu, celle de la corde est cicatrisée. La voix n'est pas encore revenue à l'état normal, parce que les cordes sont encore gonflées et rouges. Nous prescrivons au malade de continuer le traitement mercuriel et l'iodure de potassium pendant encore six mois environ.

OBSERVATION XXV.

(Empruntée au Traité du laryngoscope de Czermak, 1er vol., p. 79.)
(Observ. n° 3.)

S... F..., âgée de 11 ans, native de Baja (Hongrie), aurait été affectée, à l'âge de 1 an, aux parties génitales d'un exanthème rouge, papuleux, qui n'a guéri qu'au bout de trois mois. Une maladie d'yeux s'est déclarée à l'âge de 3 ans, et a persisté presque constamment depuis cette époque. Dans l'été de 1858, cette malade aurait éprouvé, pendant quelques semaines, une maladie aiguë accompagnée de fièvre, pendant laquelle le dos du nez s'est affaissé et des ulcères se sont formés au palais et au voile du palais. A cet état, s'est joint en automne, un enrouement très-prononcé. Elle s'est présentée pour la première fois à l'hôpital des Enfants malades de Pesth le 23 novembre 1858 et a été soignée pendant quelque temps pour une dacryo-cystite gauche.

Admise le 14 janvier 1859 à l'hôpital, elle présentait l'ensemble des symptômes suivants : constitution faible, aspect cachectique, affaiblissement de l'ouïe du côté droit, affaissement du dos et de la racine du nez ; entre la paupière gauche inférieure et le nez, une tumeur résistante de la grosseur d'un pois, à la surface de laquelle on aperçoit plusieurs ouvertures de la dimension d'une tête d'épingle qui laissent écouler du pus liquide de couleur blanchâtre ; une ectropion à la paupière inférieure gauche, où manquent presque tous les cils ; au milieu du palais, deux ulcérations suppurantes situées l'une à côté de l'autre, de la grosseur d'une tête d'épingle et où la sonde pénétrait en haut jusqu'à la profondeur d'un pouce en donnant la sensation d'une surface rugueuse ; perte de substance considérable au voile du palais, destruction presque complète de la luette avec rétraction cicatricielle tout autour ; la paroi postérieure du pharynx d'un jaune sale ; mauvaise odeur ; gonflement léger des glandes latérales du cou et de la nuque ; enrouement considérable, respiration bruyante.

J'avais examiné la malade, la veille de son entrée à l'hôpital (13 janvier), et j'avais constaté l'état suivant : l'épiglotte vivement injectée est énorme et présente presque l'épaisseur d'un travers de doigt, du côté droit on y aperçoit une ulcération large qui s'étend profondément sur la surface postérieure et qui est couverte d'un pus épais, de couleur jaune sale. L'entrée du larynx est tellement rétrécie, qu'une petite portion des cordes vocales légèrement gonflées reste seule visible, et que l'air entre et sort avec un bruit sensible. La malade est soumise au traitement par les onctions. Le 20 janvier, je l'ai examinée pour la seconde fois et j'ai trouvé que, non-seulement l'ulcère de droite s'était creusé, que sa couche purulente paraissait déchiquetée et qu'il s'était formé aussi du côté gauche un autre ulcère petit, mais profond, de sorte que l'épiglotte, toujours gonflée, présentait une forme toute particulière à trois lobes. Le mucus purulent paraissait provenir surtout de l'ulcération gauche, entre l'épiglotte et le ligament ary-épiglottique gauche, gênait souvent la respiration et occasionnait souvent des accès de toux. L'entrée du larynx est toujours obstruée par le gonflement des parties, quoique par suite du retrait de l'ulcère droit, on aperçoive une plus grande portion des cordes vocales vraies et fausses.

On a continué le traitement par les onctions, mais on n'a pas employé la cautérisation locale des ulcères de l'épiglotte, que cependant j'aurais pu exécuter avec sûreté à l'aide du laryngoscope.

Lorsque j'ai examiné de nouveau la malade le 29 janvier, l'infiltration et le gonflement de l'épiglotte avaient considérablement diminué ; le fond déchiqueté des ulcères n'était que légèrement couvert d'un muco-pus semi-liquide et avait la couleur rougeâtre d'une muqueuse. Cependant les pertes de substances produites par les ulcérations étaient considérables, et l'épiglotte conservait toujours sa forme trilobulaire. Le lobe moyen avançait surtout en bas et en arrière par son bord actuellement tranchant.

J'ai remarqué sur la corde vocale fausse droite, qui est toujours gonflée, deux plaques de couleur jaunâtre, anguleuses et longues de plusieurs millimètres ; la toux a diminué, mais l'enrouement persiste toujours.

Plus tard, on s'est convaincu que la laryngotomie était indispensable à cause du progrès des ulcérations du larynx et du gonflement considérable des cordes vocales. L'opération a été faite avec plein succès par mon honoré collègue Balassa, le 15 février 1869.

OBSERVATION XXVI.

(Empruntée au Dr Isambert. Ann. des mal. de l'oreille et du larynx,
1875, p. 400.)

Gomme syphilitique de l'épiglotte.

Le nommé B..., âgé de 30 ans, qui vient se présenter à nous
le 25 juillet 1875 à l'hôpital Lariboisière, a eu, il y a sept ans, un
chancre suivi de plaque muqueuse de la bouche. Sans pouvoir
indiquer exactement les phases qu'a pu parcourir cette maladie,
pour laquelle il a suivi à l'origine un traitement spécifique, le
malade fait remonter à un an seulement les accidents de la gorge
qui lui ont occasionné de vives douleurs pendant plusieurs mois.
C'est probablement à cette époque que se sont produites les ulcérations graves dont il porte la trace au voile du palais et dans la
gorge.

On voit, en effet, les cicatrices blanches caractéristiques tout
autour de la racine de la luette, et plus en dehors au-dessus du
pilier antérieur droit. La paroi postérieure du pharynx présente
une demi-étoile cicatricielle nacrée semblable à celles que l'on a
décrites dans les angines scrofuleuses, et qui est masquée en
partie par le voile du palais.

Ces lésions expliquent comment le malade a eu la voix nasonnée, et a longtemps laissé remonter dans les narines les
liquides qu'il avalait, mais elles sont maintenant cicatrisées, et
il ne reste plus qu'un peu de gêne de ce côté.

En examinant au laryngoscope, on aperçoit immédiatement
sur l'épiglotte, les tumeurs dont nous « donnons ici le dessin »
avec leurs dimensions naturelles; au milieu de l'image, une tumeur ovoïde, grosse comme une noisette ou un petit œuf de
canaris se détache du bord libre et du point médian de l'épiglotte, laquelle est tuméfiée dans toute son étendue. A gauche
de cette tumeur (à droite du sujet), on en aperçoit une seconde
divisée par un sillon, et ressemblant à un pois chiche. Elle oc
cupe la partie latérale de l'épiglotte, et s'implante aussi sur le
bord libre de cet opercule. Au-dessous de celle-ci et sur un plan
plus profond, une troisième tumeur, dont le volume est d'envi-

ron la moitié de la tumeur centrale, plonge dans l'infundibulum, et paraît reposer sur la corde vocale correspondante. Du côté opposé, une tumeur beaucoup plus petite, atteignant au plus le volume d'un petit pois, apparaît à une profondeur un peu plus grande dans l'infundibulum, et adhère à la face inférieure de l'épiglotte. Une seule corde vocale est visible ; elle est rouge et un peu tuméfiée, mais elle fonctionne régulièrement.

Les éminences aryténoïdes et les replis aryténo-épiglottiques sont légèrement tuméfiés et un peu œdémateux.

Quant aux grosses tumeurs, elles sont d'une teinte rose à peu près normale, et fortement distendues par la matière qu'elles renferment.

Les symptômes accusés par le malade ne sont pas aussi graves qu'on pourrait le supposer avec de pareilles lésions. La voix est faible et un peu nasonnée ; le malade éprouve un chatouillement du gosier qui, par moment, provoque la toux. Il y a déjà quelques accès d'étouffements pendant la nuit, mais la menace n'a pas paru très-forte, ce qui s'explique par le siége assez relevé des tumeurs au-dessus de la glotte. Une adhérence établie par une bride anormale entre la base de la langue et la face supérieure de l'épiglotte, empêche, d'ailleurs, la procidence de cet opercule.

Il y a également de la gêne dans la déglutition, particulièrement pour les liquides. L'état général n'est pas mauvais, toutefois, le malade est d'un tempérament lymphatico-strumeux (il a eu dans son enfance des ophthalmies répétées et des adénites), ce qui, dans nos idées, concorde avec l'étoile cicatricielle de la paroi pharygienne postérieure, lésion plus propre à la scrofule ou aux cas mixtes qu'a la syphilis elle-même.

Quoi qu'il en soit, et en présence d'accidents qui peuvent d'un instant à l'autre déterminer l'occlusion de la glotte, nous prescrivons au malade, le 25 juillet, un traitement spécifique énergique : l'iodure de potassium à la dose de 2 à 4 grammes par jour ; frictions matin et soir sur toute la région cervicale antérieure avec l'onguent napolitain ; deux fois par semaine, toucher directement les tumeurs épiglottiques avec l'éponge imbibée de chlorure de zinc ou d'acide chromique, à dose seulement styptique, c'est-à-dire 1/100. Ce traitement est suivi régulièrement pendant trois semaines, et le malade éprouve rapidement un soulagement notable. Les accès de suffocation ne reparaissent plus. La gêne de la gorge est moindre. Il part alors pour effectuer un voyage auquel l'appellent ses fonctions, mais il continue, autant que faire se peut, l'usage de l'iodure de potassium à l'intérieur.

Nous le revoyons le 9 et le 16 octobre. Les tumeurs ont diminué de plus de moitié. De plus, au lieu d'être distendues et luisantes comme au début, elles semblent flasques, demi-flétries, et leur coloration ne diffère plus de celle de la muqueuse voisine ; deux des tumeurs ont presque entièrement disparu. L'épiglotte a perdu beaucoup de son volume, ainsi que les aryténoïdes. Le malade est encore obligé de voyager, mais il continue à prendre l'iodure de potassium, et reviendra nous voir jusqu'à une guérison qui ne paraît pas devoir se faire attendre bien longtemps, s'il peut mettre un peu de régularité dans son traitement.

Fin décembre. Les tumeurs ont à peine le cinquième de leur volume primitif.

OBSERVATION XXVII.

(Empruntée à la thèse de M. Bergeaud. Th. Paris, 1873, p. 17.)
(Observation n° 2.)

Jean-Baptiste Dussait, ouvrier en parapluies, âgé de 32 ans, entre à l'hôpital le 13 juin 1873, au n° 31 de la salle Sainte-Jeanne.

Il est malade depuis le mois de novembre 1872.

Bonne santé antérieure ; il est d'une taille au-dessus de la moyenne.

Il a eu, dit-il, *un chaud et froid*, avec frissons, claquements de dents, point de côté, vomissements ; il a été forcé de cesser tout travail. Ses crachats étaient épais et collants. Le début a donc été une pneumonie franche.

Depuis, il a continué à tousser. Cependant jamais de crachats sanglants.

15 jours après le début, altération de la voix qui devient enrouée et éteinte, avec picotement à la gorge et douleur dans la déglutition quand le bol alimentaire arrivait en arrière du larynx.

Il a beaucoup maigri ; sueurs nocturnes abondantes depuis 7 mois. Ongles hyppocratiques.

Actuellement crachats nummulaires et caractéristiques de la lésion pulmonaire. Matité au sommet droit. A ce niveau, dans la fosse sus-épineuse, souffle caverneux, mais pas de gargouille-ments.

En avant on n'entend rien d'anormal. Le malade se plaint d'une vive douleur au niveau de la fossette sous-claviculaire. A gauche, en avant, quelques craquements au sommet, sous la clavicule ; en arrière, même phénomène. La voix est dure à l'aus-cultation du larynx, l'inspiration est rude et soufflante.

Pas de douleur. *Le voile du palais et la paroi du pharynx sont parsemés d'un semis très-fin de granulations entourées de zones vasculaires injectées, qui ne seraient autre chose qu'une granulation miliaire.* (Isambert.)

Ces vaisseaux et ces granulations se détachent sur un fond qui est pâle et anémié.

Etat du larynx au laryngoscope. Description de M. le docteur Moura. Décoloration générale des tissus. Epiglotte normale ; aryténoïdes normaux, cordes vocales ternes, dépourvues de tension phonétique dans l'émission des sons.

A l'angle antérieur correspondant à la pointe de l'épiglotte, un un peu de rougeur avec secrétion muqueuse.

Etat œdémateux léger de la base du vestibule. Ventricule de Morgagni étroit et ne subissant *aucune dilatation.*

OBSERVATION XXVIII.

(Communiquée par M. Lalesque, interne des hôpitaux.)

Phthisie laryngée chez une syphilitique.

La nommée X..., âgée de 20 ans, entre à l'hôpital Lourcine (service du docteur Martineau, salle Saint-Alexis, n° 9) le 2 janvier 1879, pour une syphilis datant de 5 mois. Elle offre encore les traces d'éruption secondaire ; sur la peau et dans la gorge, on trouve des plaques muqueuses.

12 mars. Elle se plaint de la gorge à cause de sa voix qui est devenue enrouée et surtout pour une sensation douloureuse qu'elle éprouve pendant la déglutition.

L'examen laryngoscopique montre que l'épiglotte est boursoufflée, au moins doublée d'épaisseur. Elle est rouge, et l'on constate sur ses bords la présence de deux petites érosions grisâtres très-superficielles.

Les cordes vocales n'arrivent pas à contact. Elles sont rouges, tuméfiées, la gauche est exulcérée dans presque toute sa longueur ; la droite est grisâtre par places ; toutes deux semblent détendues et ramollies.

La région aryténoïdienne est également gonflée et enflammée.

La malade est mise au traitement spécifique. Protoiodure d'hydrargire, etc.

Les ganglions sous-maxillaires sont à peine engorgés.

20 mars. Il est survenu peu de changements dans l'état du larynx ; l'épiglotte semble un peu moins gonflée.

3 avril. Le vestibule de la glotte est un peu décoloré ainsi que le voile du palais.

L'épiglotte est encore rouge, mais moins tuméfiée.

Les replis thyro-aryténoïdiens sont gonflés, et recouvrent les cordes inférieures surtout à droite. Ces dernières sont toujours le siége de rougeur, et la corde gauche offre un aspect granuleux marqué à la partie postérieure.

Etat velvétique de la muqueuse aryténoïdienne.

L'examen des poumons dénote un léger affaiblissement du murmure vésiculaire au sommet droit, où l'on entend des craquements à timbre secs.

Conclusions. — Les lésions du larynx sont celles de la phthisie laryngée chez une syphilitique.

OBSERVATION XXIX (Personnelle).

Phthisie laryngée chez une syphilitique.

Marie B..., 29 ans, couturière, entre le 22 février 1879 à l'hôpital Lourcine, salle Sainte-Marie, n° 23 (service du Dr Nicaise).

La malade est atteinte d'une syphilis dont le début remonte à 4 mois. Elle est en pleine éruption secondaire. Plaques muqueuses vulvaires et buccales.

Sa voix est enrouée, rauque, mais la malade nous apprend que sa voix était modifiée bien longtemps avant l'apparition de sa syphilis.

Elle est d'un tempérament lymphatique, et assez faible.

Examen. — Engorgement des ganglions sous-maxillaires à peine marqué malgré son éruption buccale. Chaîne ganglionnaire à l'occiput.

Le voile du palais est très-décoloré, sauf dans les points où siégent les plaques muqueuses, dont le contour rosé se détache vivement sur le reste de la muqueuse.

Larynx. — Paleur; anémie générale.

Epiglotte saine ainsi que ses replis.

Région aryténoïdienne gonflée et tuméfiée, mais pâle.

Cordes vocales inférieures épaissies, rouges, granulées, surtout dans les 2/3 postérieurs.

Les poumons ne sont point examinés à cette époque.

Traitement mercuriel.

3 avril. L'état du larynx a persisté, la muqueuse aryténoïdienne est un peu plus gonflée, surtout du côté gauche. Les plaques buccales sont heureusement modifiées.

Poumons. — Expiration prolongée, et craquements secs sous la clavicule droite. Respiration rude à gauche.

OBSERVATION XXX.

(Empruntée au Traité de la phthisie pulmonaire de Louis, p. 296.)
(Observation n° 20.)

Un tailleur, âgé de 40 ans, d'une constitution peu forte, né de parents morts dans un âge avancé, fut admis à l'hôpital de la Charité, le 18 octobre 1824. Il n'avait jamais eu que des indispositions, n'était pas sujet aux rhumes, accusait 15 mois de maladie et toussait depuis cette époque. La toux avait été sèche pendant les premiers mois, puis accompagnée de crachats plus ou moins abondants, et bientôt de dyspnée.

Des douleurs assez vives s'étaient manifestées, trois mois après le début, dans un des côtés de la poitrine, avaient duré 15 jours et s'étaient encore renouvelées dans la suite, à deux reprises différentes, mais pour un peu moins de temps. Il y avait eu dans les deux dernières semaines de légers maux de gorge, de l'en-

rouement et de la gêne dans la déglutition. Les sueurs ne s'é-
taient montrées que par intervalle, il n'y avait pas eu de frissons.
Diminution de l'appetit, diarrhée. Amaigrissement et diminution
des forces remontant au début des crachats. Le malade avait
cessé ses travaux depuis six mois, et gardait le lit depuis deux
mois.

Le 19 octobre il était dans l'état suivant : figure pâle et amaigrie, douleurs, picotements, sentiment de sécheresse à la partie
supérieure du cartilage thyroïde ; déglutition un peu gênée, bien
que le pharynx et les amygdales fussent dans l'état naturel ; aucune sensation remarquable le long de la trachée-artère ; toux
médiocrement fréquente, crachats peu abondants, incompléte-
ment opaques ; poitrine peu sonore sous l'une et l'autre clavicule
surtout à droite où l'obscurité du son s'étendait à presque toute
la partie correspondante au lobe supérieur; respiration trachéale,
retentissement de la voix, sans pectoriloquie dans les mêmes
points, plus prononcé sous la clavicule droite que sous la gauche;
pouls accéléré (90 pulsations par minute), sensibilité très-grande
au froid ; appétit très-déprimé, soif peu considérable.

Les crachats devinrent tout à fait opaques et d'une couleur
sale, les jours suivants ; la douleur de gorge persista au même
degré ou à peu près, et bientôt l'anorexie fut complète.

Le 8 novembre, le dévoiement avait beaucoup augmenté, la
langue était dans l'état naturel, la douleur au haut du cartilage
thyroïde toujours la même, la déglutition de la salive très-pé-
nible, la voix sans altération, il n'y avait aucune espèce de malaise le long de la trachée-artère ; le pouls était légèrement accéléré. Le lendemain et le surlendemain, aucun changement appréciable. Le 10, à 5 heures du matin, le malade perdit connaissance,
et, à l'heure de la visite, on le trouva couché à droite, ayant les
pupilles très-étroites, les yeux entr'ouverts, la respiration accé-
lérée, le pouls lent, les mouvements d'une faiblesse extrême et
seulement excités par le déplacement des parties, toujours sans
connaissance. Cet état se prolongea jusqu'à midi, heure à laquelle
le malade mourut.

Voici ce que l'on trouve à l'autopsie, du côté du cou : œdème
de la glotte, épais de 3 millim. aux environs des cartilages ary-
thénoïdes, beaucoup moins ailleurs. La membrane muqueuse de
l'épiglotte était plus ou moins rouge, offrait quelques ulcérations

à sa face linguale, avait la même couleur et un aspect brillant inaccoutumé à sa face inférieure, où se trouvaient d'autres ulcérations plus ou moins profondes; son fibro-cartilage était découvert au fond de l'une d'entre elles, et complétement détruit dans la hauteur de 4 millim., du côté droit, à sa partie supérieure. Le larynx était dans l'état naturel; la membrane muqueuse de la trachée-artère, rouge inférieurement.

OBSERVATION XXXI (personnelle).

Ulcération phymique de l'épiglotte.— Végétations tuberculeuses du larynx.(Voir pl. II, fig. 5.)

F... (Ant.), 36 ans, commis de magasin, vint le 14 mars 1879 à la clinique du Dr Fauvel.

Ce malade est enroué depuis un an et demi environ, il est porteur d'une ulcération tuberculeuse de la langue, dont le début remonte à peu près vers la même époque que son enrouement.

Antécédents héréditaires et morbides, nuls. *Pas de syphilis.* Ce jeune homme a maigri et présente actuellement tous les symptômes d'un individu tuberculeux. Perte des forces, sueurs nocturnes, ongles hippocratiques, douleurs entre les épaules, etc.

Toux peu fréquente, suivie d'une expectoration peu abondante sans caractère marqué.

Voix enrouée, éteinte par intervalles.

La déglutition a été difficile et douloureuse au début, mais aujourd'hui elle s'accomplit facilement, sans aucune gène.

Absence de ganglions sous-maxillaires et occipitaux.

Examen. Langue. Ulcération en forme de 1/4 de cercle à concavité en dedans, occupant la partie moyenne de cet organe, et se dirigeant obliquement d'avant en arrière et de dedans en dehors. Cette ulcération est assez profonde, mais ses bords arrivant à contact, lui donnent un aspect fongueux et végétant, son aspect général est gris rosé; elle se détache en clair sur le reste de la muqueuse. Elle rappelle de tout point les ulcérations tuberculeuses.

Epiglotte. On trouve également une ulcération, légèrement mamelonnée d'un gris rosé, faisant saillie au-dessus de la muqueuse qui recouvre cet opercule; du reste, notre figure (n° 5, pl. II) représente assez bien la lésion telle que nous l'avons observée et vaut mieux que toute description,

La muqueuse aryténoïdienne assez pâle, décolorée, est tuméfiée et également gonflée des deux côtés.

La corde vocale inférieure droite est rosée dans presque toute son étendue, la gauche est grisâtre, finement arborisée en certains points, et toutes deux sont dentelées sur leurs bords.

Le larynx en général est plus pâle qu'à l'état normal.

L'examen de la poitrine ne révèle aucune lésion bien caractéristique; une simple diminution de la sonorité sous la clavicule droite; un peu d'expiration soufflante et prolongée de ce même côté.

19 avril 1879. Le malade vient d'avoir ces jours derniers une hémoptisie assez abondante, qui l'a forcé à garder le lit. Sa voix est absolument éteinte; l'examen laryngoscopique n'a pu être fait ce jour-là.

OBSERVATION XXXII (personnelle).

Phthisie laryngée. — Ulcération et œdème de l'épiglotte.

A. Pout..., 42 ans, employé au chemin de fer, ancien soldat, vient se présenter le 21 avril 1879 à la clinique du Dr Fauvel.

Antécédents héréditaires. Nuls.

Antécédents morbides. Pendant son séjour au Mexique (1864), il a eu un chancre induré sur la verge, suivi d'alopécie, de maux de gorge et d'éruptions cutanées. Fièvres intermittentes à cette époque. Le malade se plaint de tousser depuis dix-huit mois environ à la suite d'une bronchite qui n'a jamais guéri; depuis trois mois environ sa voix s'est altérée peu à peu; rauque d'abord et enrouée, elle était, à des intervalles irréguliers, presque tout à fait éteinte pendant un temps variable.

Etat actuel. Le malade est très-amaigri, et a beaucoup perdu de force, il a peu d'appétit et tousse beaucoup, son expectoration est muco-purulente. Il est porteur d'une fistule à l'anus (borgne externe).

La déglutition est difficile et souvent même douloureuse avec irradiation de la douleur vers l'oreille gauche, la salivation est abondante; chaque fois qu'il faut avaler, le malade recommence à souffrir.

La pression sur le larynx n'est pas douloureuse, absence complète de ganglions sous-maxillaires et occipitaux.

Examen. Le voile du palais est un peu décoloré. L'épiglotte est rouge, gonflée surtout du côté gauche où l'on constate sur sa face laryngée une *ulcération* oblongue, arrivant jusqu'au bord libre de l'opercule glottique. Cette ulcération, légèrement saillante au-dessus des tissus voisins offre une surface mamelonnée, grisâtre; ses bords se distinguent à peine du reste de la muqueuse qui est fortement hyperémiée.

La région aryténoïdienne est le siége d'un œdème dur, occupant surtout le cartilage gauche. On voit sur la muqueuse interaryténoïdienne, de petites végétations papillaires grisâtres.

Les cordes vocales inférieures, un peu rouges et exulcérées à leur partie postérieure, sont laiteuses dans le reste de leur étendue. Le reste du larynx est un peu décoloré.

Malgré les antécédents spécifiques du malade, on pense à de la phthisie laryngée, et on examine la poitrine.

Poumons. Sonorité normale sous la clavicule gauche.

Diminution de la sonorité et défaut d'élasticité à droite.

Expiration soufflante, craquements secs sous la clavicule droite et la fosse sus-épineuse de ce côté.

Le diagnostic est donc phthisie laryngée et le traitement fut institué en conséquence.

Arséniate de soude, huile de foie de morue, vésicatoire à demeure au bras gauche. Toniques.

30 avril. L'épiglotte est un peu dégonflée, mais l'ulcération n'a point régressé, le malade avale avec beaucoup plus de difficulté, la douleur est plus intense. Les autres lésions sont restées stationnaires. On ajoute au traitement deux cuillerées de sirop de Gibert pour éloigner toute idée de syphilis.

12 mai. L'état du larynx persiste, l'ulcération n'a pas diminué.

OBSERVATION XXXIII.

(Communiquée par le Dr L. Chollet.)

Phthisie laryngée ulcéreuse.

Dem. (Constant), 29 ans, découpeur, est malade depuis quatre ans, époque depuis laquelle il tousse constamment surtout l'hiver, il s'enrhume très-facilement, est habituellement essoufflé et a beaucoup maigri, surtout depuis un an. Il a eu des hémoptysies répétées, dont la première remonte à trois ans. Il tousse beaucoup, mais la toux n'est pas douloureuse, pas plus que la pression au niveau du larynx. Expectoration muco-purulente. La déglutition des liquides, surtout, cause au malade de véritables douleurs, sans retentissement du côté des oreilles.

Salivation abondante. Absence de ganglions sous-maxillaires et occipitaux.

Antécédents héréditaires. Mère morte phthisique. Père bien portant, un frère mort de la poitrine.

Examen. Le voile du palais est fortement décoloré, d'aspect grisâtre, finement arborisé.

Larynx. Epiglotte saine ainsi que ses replis.

Congestion violente de la muqueuse aryténoïdienne qui est gonflée et infiltrée de matière gélatineuse, ulcération des cordes vocales inférieures qui sont grisâtres et en dents de scie. OEdème sous-glottique. La muqueuse pâle, de couleur rosée, jaunâtre, vient faire saillie sous le ruban vocal du côté droit et rétrécir l'orifice glottique.

Nous avons oublié de dire que la voix était couverte, très-voilée, mais la phonation indolore.

Poumons. Signes de tuberculose pulmonaire avancée, râles caverneux et gargouillements à droite, râles cavernuleux à gauche.

OBSERVATION XXXIV (personnelle).

Phthisie laryngée ulcéreuse. — Gonflement et œdème de la muqueuse aryténoïdienne. — Ulcérations diverses.

Wilm... (Const.), 35 ans, comptable, se présente le 14 mars 1879 à la clinique du Dr Fauvel.

Il est malade depuis le mois d'octobre 1877, époque à laquelle il a eu une bronchite qui ne l'a pas quitté depuis cette époque.

La voix, à cette époque, devint enrouée, mais le malade n'y fit point attention, et quelques mois après, la phonation était redevenue normale, jusqu'au mois de novembre 1878, époque à laquelle elle s'est voilée complétement, et le malade ne peut parler qu'à voix basse.

Cet homme nous raconte qu'il a beaucoup maigri et perdu des forces. Au mois de juin 1877, il a eu une hémoptysie abondante qui ne s'est pas renouvelée depuis cette époque. Il n'a jamais eu de diarrhée, mais il se plaint de sueurs nocturnes, de vomissements qui surviennent à la suite des quintes de toux.

La déglutition des solides et des liquides est devenue douloureuse depuis deux mois environ.

Aujourd'hui le malade est très-amaigri. La voix est absolument éteinte, il chuchote plutôt qu'il ne parle, la phonation, la respiration causent de la douleur au malade et la déglutition surtout est pénible et difficile ; pendant l'accomplissement de cet acte, la douleur retentit jusque du côté de l'oreille droite que le malade presse avec sa main, pour essayer de calmer les phénomènes douloureux qu'il éprouve de ce côté.

La toux est, comme la voix, éteinte, *éructante* et douloureuse. La pression est peu douloureuse.

Absence de ganglions sous-maxillaires et occipitaux.

Examen. — Voile du palais d'aspect terreux, décoloré.

Larynx. — *Epiglotte saine*, normale, à peine rosée. OEdème et gonflement considérable de la muqueuse aryténoïdienne ; la muqueuse qui recouvre les deux cartilages aryténoïdes, gonflée et œdématiée, vient faire saillie au devant de l'épiglotte, et les deux cartilages arrivent au contact. Un éclairage puissant permet presque de voir de la transparence, et l'on croirait avoir sous les yeux deux grains de raisin inégaux, d'un ton gris sale (boueux), qui sont le résultat de l'infiltration séreuse et gélatineuse de la muqueuse, c'est le véritable *œdème mou*. L'aryténoïde droit est plus œdématié que son congénère et le dépasse en hauteur.

Les cordes vocales inférieures sont presque entièrement détruites, surtout la droite qui est déchiquetée et le siége d'ulcération à bords ramollis, occupant son extrémité postérieure.

Toute la muqueuse du larynx, sauf l'épiglotte, est d'un aspect gris sale, et semble ramollie ; elle est recouverte en plusieurs points d'un pus grisâtre abondant et fétide. On trouve enfin du côté du poumon, des signes évidents de tuberculose pulmonaire à la deuxième période, craquements humides, respiration rude, etc.

Cette observation est un exemple frappant d'œdeme mou de la muqueuse laryngienne, et nous sommes convaincus que des scarifications, faites sur les parties œdematiées, auraient amené la sortie saine d'une certaine quantité de liquide et la *diminution momentanée* du gonflement de la muqueuse aryténoïdienne.

OBSERVATION XXXV (personnelle).

Phthisie laryngée. — Œdème considérable de la glotte.— Accès de suffocation. — Trachéotomie. — Mort.

Biss.... (Alexandre), 33 ans, peintre en bâtisse, vient à la clinique de Dr Fauvel, le 27 février 1879.

Antécédents morbides. — Pneumonie en 1865. Coliques de plomb l'an passé.

Antécédents héréditaires. — Mère morte phthisique, père bien portant ; pas de frère ni de sœur.

Le jeune homme est malade depuis huit mois à peu près, époque à laquelle il a eu une bronchite. Il n'a point cessé de tousser depuis, a beaucoup maigri, et perdu ses forces. A partir de ce moment, sa voix est tout à coup devenue enrouée, puis complétement voilée ; par intervalles, la phonation était presque normale, surtout dans le milieu de la journée. Picotements et sentiment d'ardeur à l'arrière-gorge ; toux quinteuse, éructante.

Expectoration abondante, muco-purulente.

Sueurs nocturnes abondantes, douleurs entre les épaules. Tous ces phénomènes ont persisté jusqu'à ce jour, mais depuis huit jours environ, accès de suffocations se répétant à de courts intervalles. Dyspnée assez intense, inspiration difficile et sifflante, expiration assez facile. L'examen laryngoscopique se pratique difficilement, on constate un œdème considérable des règles ary-épiglottiques et de la région aryténoïdienne. L'épiglotte est saine, on ne peut réussir à voir les cordes vocales ; le malade a deux ou trois accès de suffocations pendant l'examen. Il est envoyé à l'hôpital Saint-Louis, dans le service de M. le Dr Péan, qui pratique la trachéotomie.

L'examen des poumons révèle des râles humides, des gargouillements sous les deux clavicules.

26 mars. Le malade est sorti hier de l'hôpital Saint-Louis, les accès de suffocations n'ont pas reparu depuis l'opération, il a conservé sa canule.

L'examen du malade montre :

Une décoloration profonde de la voûte palatine, épiglotte saine, ses replis sont encore tuméfiés, mais ont beaucoup diminué.

Congestion violente de la muqueuse aryténoïdienne, végétations papillaires. Les replis thyro-aryténoïdiens sont pâles, anémiés ; les cordes vocales, déchiquetées dans presque toute leur étendue, sont rouges et granuleuses à leur face supérieure. Toutes ces parties sont recouvertes d'une sécrétion de pus grisâtre, mal lié.

Ajoutons que la salivation est très-abondante, la pression indolore, mais la déglutition est depuis quelques jours douloureuse et difficile, le malade a des fréquentes régurgitations surtout lorsqu'il veut avaler les liquides. La douleur retentit jusque vers les oreilles, mais peu intense. Notons encore l'absence complète de tumeurs ganglionnaires. Le malade respirant par la canule, l'état des poumons est difficile à bien préciser.

10 avril. Le malade ne peut plus quitter le lit, il est très-amaigri et ne peut plus avaler ni solides, ni liquides. Sueurs copieuses, frissons irréguliers. Voix chuchotée et douloureuse. Le 15 avril le malade succombe. L'autopsie n'a pu être faite.

OBSERVATION XXXVI.

(Empruntée à la thèse de M. Pelan, 1878.)

Le nommé M... (Georges), âgé de 40 ans, ajusteur, tousse depuis quatre ans, il a perdu des forces et maigri beaucoup ; actuellement, la toux est moins fréquente, l'expectoration rare. A l'examen de la poitrine, on trouve de la submatité et des craquements à droite, des craquements et de l'expiration prolongée à gauche. La voix est voilée.

Au laryngoscope, on trouve une rougeur vineuse de toute la muqueuse, plus prononcée au niveau de l'éminence aryténoïde droite, où la muqueuse fait une saillie qui cache une partie de la glotte. Les cordes vocales présentent une rougeur disséminée. On diagnostic un abcès le 10 novembre.

20 décembre. L'abcès a diminué, il s'est vidé en partie, il reste de la rougeur de la muqueuse et des cordes vocales.

16 janvier. Il n'y a plus trace de l'abcès ; les cordes vocales s'écartent à peine, même dans les grandes inspirations ; elles sont rouges et cylindriques. La fente glottique est oblique d'arrière en avant et de droite à gauche, la bande ventriculaire droite est œdématiée.

Le 23. Perte presque complète de la voix, rougeur de la face postérieure de l'épiglotte, glandules hypertrophiées, œdème des bandes ventriculaires, cordes vocales rouges. Le malade n'est plus revenu à partir de cette époque.

OBSERVATION XXXVII (personnelle).

Gonflement et œdème de la région aryténoïdienne — Végétation
polypiforme de la bande ventriculaire droite.

Henri C..., vint à la clinique du Dr Fauvel le 30 octobre 1878.

Le malade nous raconte avoir eu, il y a deux ans, un chaud et froid et des hémoptysies répétées. Depuis cette époque il n'a cessé de tousser. Les antécédents morbides et héréditaires n'offrent rien à signaler.

Etat actuel. — En dehors de sa toux qui a persisté, le malade se plaint d'avoir beaucoup maigri et perdu des forces. Il a eu à plusieurs reprises de la diarrhée, et a perdu son appétit. Enfin, le soir en se couchant, il éprouve de petits frissons suivis de sueurs nocturnes.

Il y a quatre mois, sa voix s'est subitement éteinte et il est resté aphone ; depuis il a éprouvé des douleurs à la déglutition jusque dans les oreilles. Toux fréquente, quinteuse, éructante. Expectoration purulente.

Examen. — Absence de ganglions sous-maxillaires ; voile du palais absolument décoloré ; épiglotte et ses replis sains, mais un peu pâles ainsi que tout le reste de la muqueuse laryngienne. La région aryténoïdienne est le siége d'une violente congestion, la corde vocale supérieure du côté droit est légèrement œdématiée, la corde vocale inférieure de ce côté est rouge, la gauche est simplement laiteuse.

Traitement. — Toniques et arsenic.

20 novembre. La voix est un peu meilleure, mais toujours enrouée. La déglutition se fait très-facilement, mais l'appétit est languissant.

Poumons. — La percussion est douloureuse sous la clavicule droite, où on trouve de la matité ; sous cette clavicule l'auscultation fait entendre de petits craquements humides ainsi qu'à la fosse sus-épineuse de ce côté. A gauche, la respiration est rude et l'expiration soufflante et prolongée.

Larynx. — Décoloration générale de toute la muqueuse, sauf congestion de la muqueuse aryténoïdienne, marquée surtout à gauche, le cartilage de ce côté faisant saillie à l'intérieur du larynx. Végétation polypiforme de la corde vocale supérieure droite due à l'œdème.

Ulcération de la corde gauche.

L'épiglotte et ses replis sont toujours sains.

La pression sur les côtés du larynx est douloureuse.

Traitement. — H. F. M. Toniques, arsenic.

Atropine contre les sueurs persistantes.

4 décembre. Les sueurs ont diminué. L'état général et celui du larynx sont à peu près dans le même état. Les lésions pulmonaires ont fait quelques progrès.

OBSERVATION XXXVIII.

(Empruntée à Virchow. Traité de la syphilis constitutionnelle,
p. 151.)

Marguerite Rudloff, de Pottenstem, 42 ans, entrée à l'hôpital Julius de Wurtzburg pour un rétrécissement syphilitique du larynx, mourut le 20 janvier 1854.

Autopsie. — Ganglions jugulaires du côté gauche tuméfiés, pâles, d'un gris clair. Les profonds sont plus translucides que les superficiels. Lymphatiques dilatés.

L'épiglotte a ses ligaments sains. Les aryténoïdes sont le siége d'une tuméfaction œdémateuse. La muqueuse de la trachée est rouge, plissée. Le cartilage cricoïde offre un rétrécissement si considérable, que c'est à peine si on peut introduire le petit doigt.

Du côté gauche du larynx, on trouve une *ulcération profonde* qui part de l'insertion postérieure de la corde vocale, et se dirige vers les bronches, elle mesure un pouce et demi.

La portion supérieure du cricoïde est nécrosée, il est ossifié en dehors. Les poumons sont sains.

Observation XXIX.

(Tirée du British. medic. Journ. de 1870. Art. de Norton.)

H. R..., 19 ans, a beaucoup maigri depuis plusieurs mois ; tousse depuis un an et demi, a craché un peu de sang. Voix rauque et aboyante ; pas de douleur à la déglutition ; toux accompagnée de douleur à la gorge ; se plaint de grand épuisement ; il est trop faible pour travailler à son métier de charpentier.

Examen laryngoscopique. — Corde vocale inférieure droite rouge et superficiellement exulcérée dans presque toute son étendue. La fausse corde de ce côté et le ventricule sont aussi enflammés ; au-dessus, on voit une ulcération oblongue et profonde. Le malade nie tout accident vénérien, mais le caractère de l'ulcération fait penser à une affection syphilitique ; aussi le mettons-nous à l'iodure de potassium. On touche les ulcérations avec le nitrate d'argent qui est remplacé plus tard par le chlorure de zinc ; peu de temps après, le malade part complétement guéri.

Observation XL.

(Empruntée à la thèse de M. Dance. Paris, 1864, obs. XXXIII.)

Accidents tertiaires. — Ulcérations du voile du palais. — Gonflement des cordes vocales supérieures. — Œdème de la glotte. — Guérison.

Mlle X..., lingère, traitée à Lourcine pour une ulcération spécifique du voile du palais et un commencement d'aphonie, a eu ses premiers accidents syphitiques il y a dix ou douze mois.

L'ulcération du voile du palais avait paru s'amender et se cicatriser sous l'influence de l'iodure de potassium., mais le 25 avril 1861, elle est reprise d'accès de suffocation, et amenée par le Dr Paul Picard, interne du service, à la consultation de M. Cusco, à l'hôpital du Midi.

Examen laryngoscopique. — 29 avril. Ulcération du voile du palais cicatrisée. Arrière-gorge rouge. Amygdales tuméfiées. Epiglotte détruite dans sa moitié latérale gauche par une large ulcération, le reste est rouge et épaissi. Sous l'épiglotte, les cordes vocales supérieures présentent un bourrelet saillant, masquant les cordes inférieures. Trois accès de suffocation pendant l'examen. Respiration gênée, sifflante.

Traitement. — 12 pointes de feu à la partie supérieure du cou au-dessus du cartilage thyroïde. Traitement général.

8 mai. Voix moins altérée. Les accès de suffocation ont diminué.

Laryngoscope. — Epiglotte. Cordes vocales supérieures moins gonflées, laissant voir les cordes vocales inférieures blanches et saines.

Le 18. Epiglotte se cicatrise ; cordes vocales supérieures aussi ; pointes de feu.

Le 26. Voix revenue, un peu de gêne respiratoire.

Laryngoscope. — Amygdales toujours un peu gonflées. Epiglotte cicatrisée, étroite, épaissie, recourbée sur l'ouverture du larynx. Cordes vocales supérieures devenues moins saillantes, la partie située au-dessous est saine. Les cordes inférieures sont nacrées, saines.

OBSERVATION XLI.

(Empruntée à la thèse de M. Masson. Paris, p. 37.)

Le nommé Sur (Charles), âgée de 42 ans, entre le 12 avril 1875 au soir, salle Saint-Augustin, n° 26, dans le service de M. Brouardel.

Histoire clinique. — Atteint à l'âge de 17 ans d'un chancre induré, il passe, autant que ses souvenirs le lui rappellent, par les accidents secondaires ; en 1866, 16 ans plus tard, il entre pour trois mois dans le service de M. Schützenberger, à l'hôpital de Strasbourg ; il se plaignait alors de céphalalgie frontale à exacerbation nocturne, de douleurs ostéocopes et présentait une éruption généralisée; il est soumis à un traitement antisyphilitique.

En 1868, il se marie, il a aujourd'hui 3 enfants vigoureux, bien portants.

Il y a 18 mois environ, en même temps que le timbre de sa voix s'altérait sensiblement, il fut pris de céphalalgie violente à exacerbation nocturne.

Il y a 8 jours, opérant un déménagement, le malade se fatigua outre mesure, et le soir même survint une extinction presque complète de la voix avec une gêne extrême de la respiration. A partir de ce moment, il a des accès de dyspnée de plus en plus fréquents, avec sensation d'étranglement au niveau du larynx.

Aujourd'hui, 13 avril 1875, on constate l'état suivant :

Sur est un homme vigoureux, bien constitué, il ne présente aucune trace de syphilis ancienne ou récente, pas d'engorgement ganglionnaire du côté du cou, ni aux aines, ni aux régions tibiales antérieures ; la langue cependant est sillonnée d'avant en arrière de cicatrices, très-probablement consécutives à des tumeurs gommeuses ulcérées. Assis sur son lit, le malade est en proie à une dyspnée continue ; pâle et couvert de sueurs, il fait de violents efforts pour vaincre l'obstacle qui entrave sa respiration. L'inspiration est surtout pénible, non pas que l'expiration se fasse sans effort, mais pour s'accomplir, la première nécessite une somme de travail que les forces du malade ne sauraient longtemps fournir. Le premier temps de la respiration s'accompagne d'un sifflement laryngo-trachéal intense, entendu d'un bout à l'autre de la salle ; ce sifflement existe aussi, mais moins prolongé, moins bruyant à l'expiration. La voix est presque complétement éteinte ; un pas de plus, l'aphonie sera complète. La toux est pénible et rauque, l'expectoration assez abondante est muco-purulente.

Au niveau du larynx, la gêne du début s'est transformée en une douleur véritable, s'exaspérant au toucher, et s'accompagnant d'une sensation de corps étranger, que le malade rapporte exactement au larynx et à sa partie supérieure.

La déglutition se fait assez facilement.

Le murmure vésiculaire est masqué en partie par les bruits qui se passent dans les parties supérieures du conduit aérien.

L'état du malade ne permet pas de songer à l'examen laryngoscopique.

On diagnostique une laryngite syphilitique avec ulcérations consécutives à des tumeurs gommeuses, et s'accompagnant d'œdème considérable. M. le Dr Duplay fait la trachéotomie.

Le malade est immédiatement soulagé. La respiration se rétablit calme et régulière.

Le soir de l'opération, la température s'élève à 39,4. Le malade est soumis au traitement antisyphilitique suivant : iodure de potassium, 1 gr., une friction mercurielle.

Cinq jours se passent sans accident; l'état général est bon, le malade a de l'appétit. Le sixième jour, la température qui n'avait pas dépassé 39 s'élève brusquement à 40,6; le neuvième, apparaissent des plaques érysipélateuses sur le cou, partant de l'incision; elles disparaissent après quatre jours, pendant lesquels la température reste à 40 et quelques dixièmes; la défervescence est brusque le douzième jour, et la température tombe de 40,8 à 36,5, degré auquel elle s'est maintenue depuis.

L'examen laryngoscopique pratiqué après l'opération, on constate une vive rougeur et un léger gonflement de l'épiglotte, une tuméfaction considérable des replis aryténo-épiglottiques, des aryténoïdes et des cordes vocales supérieures; l'obstruction du larynx est complète, et cache les lésions primitives qui siégent probablement au-dessous des cordes vocales supérieures tuméfiées.

Le 26 avril, l'expiration se faisant assez facilement, on remplace la canule simple par celle de M. Broca.

Depuis lors, le traitement général antisyphilitique, qui a été continué sans interruption, n'a pas modifié sensiblement l'état du larynx. Cependant depuis quinze jours le malade semble être en voie de guérison. Le gonflement des replis aryténo-épiglottiques et des cordes vocales supérieures a sensiblement diminué. On peut apercevoir les cordes vocales inférieures ; celles du côté gauche est ulcérée vers son extrémité postérieure, et présente un petit lambeau qui flotte en avant du cartilage aryténoïde correspondant.

OBSERVATION XLII.

(Annales de dermatologie et de syphilographie, p. 449, 1875.)
(Observation.)

Louis R..., garçon boucher, 23 ans. Grand, fort, il paraît jouir d'une bonne santé. Cependant, depuis le mois de juin 1865, ayant beaucoup travaillé la nuit, il contracta un rhume qui ne disparut qu'au bout de deux mois, et depuis ce temps il s'enrhume assez facilement.

A l'âge de 16 ans, il contracta un écoulement qui ne fut guéri qu'au bout de trois mois, et qui depuis ce temps reparaît assez facilement au moindre excès qu'il fait.

En 1867, chancre induré sur le frein qui ne fut guéri qu'en 1868.

Dans le courant de la même année, il eut une syphilide herpétiforme sur les bras, des croûtes dans les cheveux qui tombèrent presque complétement, des plaques muqueuses dans la bouche et un psoriasis plantaire. Au mois de juin, il eut deux bubons qui furent ouverts avec le bistouri, et qui ne se fermèrent qu'au bout de deux mois. A ce moment, il suivit un traitement mercuriel.

En décembre 1868, il commença à s'apercevoir qu'il avait une altération de la voix, sensible surtout lorsqu'il voulait chanter. Trois mois après, la voix était complétement cassée ; mais, comme à ce moment il était enrhumé et qu'il toussait beaucoup, il attribua sa dysphonie à ce rhume. Au mois de mai, la voix était complétement éteinte, et le malade commençait à souffrir dans le larynx. Au moment où nous voyons M. R..., 17 septembre 1869, nous constatons cette aphonie ; le malade se plaint de ressentir de vives douleurs dans le larynx et dans l'oreille droite ; il ne peut avaler, surtout la salive, qui est secrétée en grande abondance.

Par l'examen au laryngoscope qu'il supporte très-facilement, nous constatons la présence d'une vaste ulcération de la face postérieure et du bord libre de l'épiglotte, ulcération occupant le tiers environ de la corde vocale supérieure droite et le bord libre de la corde inférieure située du même côté. Les cordes se rapprochent bien, et, quoique l'épiglotte soit un peu œdématiée, le malade ne se plaint d'aucune gêne de la respiration.

Traitement mercuriel énergique, frictions tous les jours sous les aisselles avec 1 gr. d'onguent mercuriel simple, et à l'iodure de potassium à la dose de 2 gr. par jour et cautérisons avec la pierre infernale des ulcérations du larynx.

Le 21. Le malade va mieux ; il avale plus facilement. Les ulcérations du larynx changent d'aspect. Au lieu d'être couvertes d'un pus jaunâtre, elles apparaissent bien détergées : la voix ne revient pas. Nouvelle cautérisation au nitrate d'argent.

Le 24. L'amélioration continue ; le malade ne se plaint plus de l'oreille ; il dort très-bien, ce qu'il ne faisait plus depuis long-temps. Nous constatons le commencement d'une stomatite. Suppression des frictions mercurielles ; continuation de l'iodure de potassium. Potion et gargarisme au chlorate de potasse. Attouchement des ulcérations avec la teinture d'iode pure.

Le 28. Le commencement de stomatite a disparu ; la voix commence à revenir. Cautérisation avec la teinture d'iode.

Le 30. Le malade peut se faire entendre à une certaine distance, l'ulcération de l'épiglotte est guérie, celle des cordes ne l'est pas encore. Le malade a commencé depuis la veille à prendre des pilules avec 5 centigr. de proto-iodure.

Il se déclare satisfait du résultat obtenu et nous dit que s'il éprouvait une aggravation il viendrait nous retrouver. Nous ne l'avons pas revu.

OBSERVATION XLIII.

Ulcérations serpigineuses des muqueuses de la gorge et du larynx, inflammation chronique de la pituitaire et des sinus maxillaires, tumeur lacrymale consécutive.

(Martellière. Thèse de Paris, 1854. Résumé).

B... (Sophie), âgée de 25 ans, journalière, entre le 11 janvier 1851, à l'hôpital de Lourcine, au n° 25 de la salle Saint-Louis, dans le service de M. Cullerier.

Tempérament lymphatique, aspect débilité, face pâle, terreuse, légèrement infiltrée. Elle a été réglée à l'âge de 17 ans, mais d'une façon peu régulière. Il y a quatre ans, elle a accouché d'un enfant, et depuis cette époque, les règles n'ont pas reparu ; rien du côté des organes génitaux.

Au mois de mars 1850, sans cause connue, large ulcération à la partie supérieure de la cuisse, ayant laissé une cicatrice irrégulière, adhérente aux parties profondes. Il y a sept ou huit mois, la région parotidienne a été envahie par des tubercules qui n'ont pas tardé à s'ulcérer ; peu de temps après, ont commencé à apparaître des ulcérations au voile du palais et une tumeur lacrymale.

Etat actuel. — Outre les tubercules syphilitiques de la région parotidienne gauche, on constate la destruction de toute la moitié gauche du voile du palais et de la partie interne de celle du côté droit, par une ulcération qui fait presque le tour de l'isthme et va en se rétrécissant de gauche à droite. A gauche, elle s'étend au pilier antérieur, à la face interne des amygdales et au pilier postérieur; à droite, la partie interne du pilier antérieur est ulcérée: la luette a disparu.

Les bords de l'ulcération sont déchiquétés, renversés en dehors, taillés à pic sur quelques points; la couleur est irrégulière, et le fond inégal est couvert de bourgeons charnus, pâles et flasques, séparés par des intervalles anfractueux où se trouve un putrilage grisâtre. Cette ulcération contourne les parties latérales de la langue, et va rejoindre une autre ulcération du même aspect située à la partie antérieure du pharynx. La surface ulcérée est dure au toucher, la rougeur des bords est très-limitée, peu intense, à cause de la décoloration générale de la muqueuse.

Tumeur lacrymale du côté droit. La voix est éteinte, la déglutition est très-douloureuse. Le 22 janvier, elle est atteinte d'un érysipèle de la face, partant de l'ulcération de la région parotidienne; péritonite primitive. Mort le 29.

Autopsie. — On trouve les lésions d'une péritonite suraiguë, sans perforation, ni inflammation d'organe voisin.

L'ulcération a le même aspect que pendant la vie, les bords sont décollés en quelques points, la muqueuse est épaissie, indurée, les couches profondes sont infiltrées d'une matière plastique; le fond est grisâtre, rouge dans les parties ayant tendance à bourgeonner.

Le tissu sous-jacent est demi-cartilagineux; en arrière, les limites de l'ulcération sont moins marquées qu'en avant. La luette est réduite à un tubercule petit, rouge et fongueux.

Au-dessus de l'amygdale gauche, on trouve une ulcération semblable à celle de l'isthme, se prolongeant en arrière sur la paroi latérale du pharynx.

Les bourgeons charnus sont volumineux, injectés et infiltrés d'une matière transparente très-résistante; il en est de même du côté droit.

La paroi postérieure du pharynx présente le même épaississement, la même rougeur, les mêmes bourgeons charnus; il en est de même à la base de la langue en arrière du V lingual, mais tout autour, la muqueuse moins enflammée a conservé son épaisseur normale.

Dans l'intervalle des bourgeons charnus indurés, on trouve des ulcérations de grandeur variable faites comme à l'emporte-pièce, et occupant toute l'épaisseur de la muqueuse.

Sur les replis glosso-épiglottiques, on trouve une ulcération fort large, irrégulière, et se prolongeant en avant dans le sillon qui sépare la base de la langue de l'amygdale gauche.

L'amygdale gauche fait une saillie médiane due à un épaississement de la muqueuse, elle est recouverte de bourgeons charnus, parsemés d'ulcérations.

A droite, la surface de l'amygdale est presque arrondie; lisse en avant, elle présente quelques ouvertures profondes, formant un canal presque cylindrique et assez grand pour permettre l'introduction d'un mors de pince. Ces ouvertures conduisent à une perte de substance placée en arrière. dont le fond est anfractueux, friable, et recouvert d'un liquide sanieux et purulent.

La muqueuse de l'épiglotte, surtout sur ses bords, celle de la paroi postérieure du larynx sont le siége d'une rougeur intense avec arborisations et un léger épaississement.

L'ouverture supérieure du larynx est déformée, son bord gauche est surmonté d'un de ces bourgeons charnus que nous avons déjà décrits; son bord droit présente une ulcération large et allongée ayant détruit la muqueuse; le fond est inégal et pointillé de rouge.

Vue par la trachée, la glotte est irrégulière, non rétrécie; la muqueuse laryngée et celle de la trachée est le siége d'une légère rougeur avec arborisations.

La corde vocale supérieure droite présente dans son épaisseur un noyau induré et d'une consistance cartilagineuse.

Le ventricule droit est rempli de mucus.

A gauche, et dès l'origine de l'épiglotte, commence une ulcération occupaut tout un côté du larynx, ayant détruit la corde vocale supérieure et se prolongeant jusque derrière l'inférieure. Le fond de cette ulcération est anfractueux, formé de tissus indurés sur lesquels s'élèvent quelques bourgeons charnus.

On constate en outre, du côté des fosses nasales, d'autres lésions dont nous n'avons pas à nous occuper ici.

OBSERVATION XLIV

(due à M. Liouville).

(Empruntée à la thèse de M. Bergeaud, p. 26. Th. Paris, 1873.)
(Observation n° V.)

Il s'agit d'une femme de 25 ans, Marie Pusset, couchée au n° 22 de la salle Saint-Antoine, qui avait présenté des symptômes évidents de tuberculose pulmonaire et intestinale et *de plus une aphonie complète durant la vie.*

Elle est morte le 25 mars 1873.

Nous passons un grand nombre de détails de son autopsie très-complète pour arriver aux altérations laryngées. Nous pouvons dire tout d'abord qu'il y avait des cavernules au sommet des deux poumons et une infiltration du haut en bas de granulations tuberculeuses.

Examen du larynx. — Le larynx présente des ulcérations très-manifestes des deux côtés.

Elles ont des siéges différents et ont amené des désordres également variés. Sous la corde vocale inférieure du côté droit, on constate une perte de substance en forme de cupule, capable de loger une lentille, mais de forme plus allongée en arrière; au-dessus se trouve un tissu cicatriciel blanchâtre ou blanc grisâtre de consistance scléreuse qui forme l'un des bords de la petite excavation précédente, et qui va gagner par l'autre côté la corde vocale inférieure. Celle-ci est complétement modifiée dans les parties antérieures. On y rencontre de petites masses blanc jaunâtre de la grosseur d'un grain de mil. La corde vocale supérieure est intacte dans la ligne horizontale inférieure, mais elle est bientôt érodée, échancrée par une ulcération, qui a rongé les deux tiers postérieurs des deux cordes vocales. Il y a là ossification des cartilages nécrosés et teinte verdâtre du tissu, dont les bords ont une teinte scléreuse. Au sommet du triangle glottique, existent deux érosions capables de loger chacune un grain de mil. Leurs bords sont taillés à pic et grisâtres. De leurs bases s'échappe une languette également de nouvelle formation et d'apparence scléreuse. De ce même côté, la face interne de l'épiglotte présente des ulcérations qui vont gagner le repli aryténo-épiglottique dont la forme comme aussi la constitution est modifié. Ce repli est, en effet, doublé de volume, induré et crénelé sur un bord.

Ces ulcérations, tout à fait analogues, larges, quelques-unes comme taillées à l'emporte-pièce, à bords assez nets, se rencontrent tout le long de la trachée. Mais nulle part l'érosion est assez profonde pour avoir déterminé la perforation, et cependant il en est quelques-unes qui intéressent la membane postérieure et qui n'ont laissé qu'une sorte de feuillet transparent.

La base du larynx et de la trachée est entourée de nombreux ganglions engorgés, dont quelques-uns à la coupe laissent échapper une quantité notable de pus.

Nous ne ferons que résumer l'observation suivante qui a été publiée par MM. Péronne (de Sédan) et Isambert, et qui, ainsi que le font remarquer ces auteurs, offre un des exemples les plus remarquables des délabrements que peut amener dans le larynx une syphilis méconnue et abandonnée à elle-même :

OBSERVATION XLV.

(Publiée dans les Annales des maladies de l'oreille et du larynx,
1875, p. 337.)

Je vis madame X..., âgé de 50 ans, en janvier 1872. Elle présentait tous les signes d'une laryngite chronique qui durait depuis 4 ou 5 ans.

Extinction de voix, sensations douloureuses dans la région malade, toux avec expectoration muco-purulente, impossibilité de la déglutition des solides, difficulté pour celle des liquides, douleur à la pression au niveau du cartilage thyroïde. La malade avait maigri ét était anémiée. L'appareil nerveux locomoteur était un peu lésé. Constipation opiniâtre. L'examen au laryngoscope n'eut pas lieu. A l'auscultation, rien ne denotait des lésions du côté de l'appareil pulmonaire; d'où, rejet de l'hypothèse de tuberculose.

J'interrogeai la malade au point de vue de la syphilis. Je ne tardai pas à reconnaître les traces d'une syphilis ancienne; du reste, la malade me retraça l'évolution complète des accidents secondaires. Après cet interrogatoire, je conseillai la cautérisation immédiate de la partie malade à l'aide d'une solution concentrée de nitrate d'argent. Traitement tonique. Onction sur les cuisses avec l'onguent napolitain. Application d'un emplâtre de Vigo sur la région thyroïdienne.

Deux mois après, la malade me fit demander. Rien de ce que j'avais conseillé n'avait été fait et l'état s'était aggravé. Les aliments pénétraient dans les voies respiratoires, provoquaient des quintes de toux, et revenaient par les fosses nasales. Je pris alors la direction de la malade.

Au bout de peu de temps, amelioration sensible de la gorge au point de vue de la déglutition. Au milieu d'avril, gingivite, cessation des frictions mercurielles. Quelque temps après, je mis la malade à l'iodure de potassium.

En juin, état général très-bon, déglutition facile, mais la voix restait éteinte; la malade se plaignait d'une sensation de constriction au niveau du larynx. En présence d'une ulcération du palais, lequel semblait menacé de perforation, je me décidai à adresser la malade à M. Isámbert, pour qu'il pratiquât l'examen laryngoscopique.

M. Isambert reconnut, au laryngoscope, les lésions les plus graves du côté du larynx. L'épiglotte à sa face supérieure, les fosses épiglottiques jusqu'à la base de la langue, les replis ary-épiglottiques, et les éminences aryténoïdiennes, étaient recouvertes d'ulcérations irrégulières, baignant dans un liquide muco-purulent, et en même temps de végétations abondantes formant des stalactites qui tendaient à oblitérer tout l'infundibulum laryngien, et lui donnaient un aspect étrange. Pas de lésions des cordes vocales. Les piliers antérieurs du voile du palais avaient encore un peu de rougeur carminée.

On commença immédiatément le traitement antisyphilitique, et pour remédier à la dysphagie et à la dyspnée, on fit des cautérisations quotidiennes des parties ulcérées et végétantes avec le nitrate acide de mercure d'abord, puis avec l'acide chromique. Au bout de quelques jours de ce traitement local, M. Isambert constata que l'épiglotte n'existait plus; c'est à peine si un bourrelet muqueux indiquait le point d'insertion de cet opercule. Les éminences aryténoïdiennes et les replis ary-épiglottiques encore

tuméfiés et œdémateux étaient recouverts d'ulcérations purulen-
tes, et revêtus de fausses membranes. Les ulcérations des fosses
épiglottiques étaient déjà cicatrisées.

Au bout de six semaines, les parties malades présentaient l'aspect suivant : le larynx était presqu'entièrement détergé, les ulcérations presque partout remplacées par des surfaces roses, mais
encore un peu mamelonnées et végétantes. Sur la paroi gauche
de l'infundibulum seulement, on voyait encore deux surfaces,
grandes comme des pièces de 50 centimes, couvertes de produits
blanchâtres plutôt que purulents.

Arrivée à ce point, on conseilla à Mme X... de rentrer chez
elle et de suivre une hygiène tonique pendant six semaines, se
bornant au traitement général par l'iodure de potassium et le fer.
Malgré l'absence de l'épiglotte, la déglutition s'opérait très-bien.
La voix était toujours voilée, et cependant au bout d'un mois les
surfaces muqueuses paraissaient très-lisses ; les cordes vocales
apparaissaient maintenant à découvert, à mesure que les bourgeons irréguliers s'affaissaient, et elles reprenaient peu à peu l'état
normal.

La malade revint, au mois d'octobre, passer une quinzaine de
jours sous la direction de M. Isambert, qui vint à bout des derniers bourgeons charnus avec l'acide chromique. Tous les accidents laryngés ont disparu, les cordes vocales sont blanches, presque normales ; plus d'ulcérations, plus de végétations, le larynx
conserve toutefois l'aspect étrange qu'il doit à l'abrasion absolue
de l'épiglotte.

Envoyée à Amélie-les-Bains, la malade présente à son retour
une amelioration du larynx, mais un phénomène nouveau dont
nous n'avons pas à nous occuper ici se présente : c'est un affaiblissement considérable de l'ouïe.

A la fin de décembre, de nouveaux accidents apparurent : la
voix d'abord voilée s'éteignit bientôt ; la déglutition devint très-
difficile, surtout pour les liquides qui à présent faisaient fausse
route. Déviation de la pointe de la langue à gauche. Au laryngoscope, l'ouverture glottique paraissait rétrécie et modifiée dans
sa forme. Au lieu du triangle isocèle que présente la glotte à
l'état normal, on ne voyait plus qu'un triangle rectangle, ce n'était
plus que la moitié de la glotte normale, et cet aspect était dû à
un relâchement du côté droit (paralysie du dilatateur droit). Le

repli aryténo-épiglottique droit semblait plus bombé, de manière à cacher complètement la corde vocale sous-jacente. Dyspnée très-intense. Paralysie, hémiplégie laryngienne par lésion du centre nerveux, et non plus lésion laryngée ulcéreuse ou végétante.

L'hémiplégie laryngée coïncidait avec des signes de paralysie commençante du bras droit et divers phénomènes nerveux.

Ce nouvel état du larynx dura jusqu'à la fin de l'existence de la malade, qui mourut le 2 avril, après avoir eu une encéphalite aiguë, coïncidant avec des accès de suffocation.

OBSERVATION XLVI.

(Empruntée à la thèse de M. Lépine (Ch.). Thèse Paris, 1816).
(Observation.)

Joseph-Ferdinand Galice, célibataire, âgé de 32 ans, né à Montiérender (Haute-Marne), d'une constitudion forte, d'un tempérament sanguin, fut atteint à l'âge de 26 ans, de la maladie vénérienne, dont il ne se traita que de la manière qui lui fut conseillée par quelques soldats, ses camarades ; il se contenta de faire des lotions sur ses chancres avec de l'urine, et but une tisane rafraîchissante ; les symptômes de la vérole ayant disparu par ce seul traitement, il continua à vaquer à ses occupations ordinaires, mais de temps en temps, chaque année, il lui survenait sur le prépuce et sur le gland, des ulcérations qui disparaissaient souvent d'elles-mêmes, sinon par son moyen ordinaire, c'est-à-dire les lotions d'urine.

A l'âge de 31 ans, cinq ans après l'apparition de la maladie vénérienne, dont il n'était pas guéri, Galice, au sortir d'un bal où il avait beaucoup bu et dansé, éprouva une suppression de transpiration, qui fut d'abord accompagnée d'un resserrement à la gorge, puis d'une véritable angine laryngée, contre laquelle il employa les moyens indiqués en pareil cas ; malgré cela, l'angine ne fit aucun progrès vers la guérison : bien loin de là, elle ne faisait qu'augmenter de jour en jour d'intensité. Le malade commençant à concevoir de l'inquiétude sur sa maladie, vint à Paris, dans l'espoir de trouver un remède à son mal ; il consulta un médecin qui lui prescrivit une infusion de bourrache et de

tilleul, le sirop de guimauve et de capillaire, et les vésicatoires
volants qui furent appliqués au nombre de huit successivement
autour du cou. Le malade entre à la Charité, le 11 décembre
1814. Il présentait les symptômes suivants : toux fréquente, accompagnée d'expectoration difficile, de crachats abondants et
purulents ; respiration bruyante, voix très-altérée, rauque ; déglutition douloureuse, sentiment d'ardeur au larynx ; le pharynx
était rouge, enflammé ; on y voyait de petits tubercules et des
ulcérations de peu d'étendue, recouvertes d'une couche blanchâtre ; céphalalgie intense, pendant la nuit surtout ; soif inextin-
guible. Pendant les huit premiers jours du séjour de ce malade à
l'hôpital, on mit en usage les calmants, les adoucissants ; bientôt
après, on employa le traitement antisyphilitique, qui diminua
beaucoup les douleurs ostéocopes de la tête ; mais cependant, tous
les symptômes de la phthisie laryngée ne diminuaient pas d'intensité, et malgré l'application souvent réitérée au cou des sang-
sues, des vésicatoires, ainsi que l'usage des pédiluves avec l'a-
cide muriatique, et les adoucissants à l'intérieur, ils continuèrent
leurs progrès jusqu'à la mort, qui arriva le 24 mars 1815.

Ouverture du cadavre. — La membrane muqueuse du pharynx
qui, pendant la vie, avait paru phlogosée, l'était en effet, et présentait aussi des fongosités et de petites ulcérations. L'épiglotte
était beaucoup plus volumineuse que dans l'état naturel ; la membrane muqueuse qui recouvre sa face inférieure était remarquable par un grand nombre de petites cicatrices ; les replis de
cette membrane, qui se portent aux cartilages aryténoïdes,
étaient lâches ; le tissu cellulaire, environnant ces mêmes cartilages, était infiltré de sérosité au point de former une tumeur
du volume d'une noisette de chaque côté ; les replis de la membrane muqueuse, nommés *cordes vocales*, étaient dans le même
état, ce qui rétrécissait beaucoup la glotte. A la partie postérieure de la circonference extérieure du cartilage cricoïde, on
observait une tumeur qui faisait saillie dans le larynx, et avait le
volume d'une petite noix ; cette tumeur incisée donna issue à du
pus et à de petites portions d'os nécrosés (les cartilages du larynx
étaient en grande partie ossifiés) ; cette tumeur communiquait
au moyen d'une petite ouverture dans le larynx, à l'intérieur
duquel elle faisait également saillie ; la trachée-artère était saine
dans sa partie supérieure, mais sa partie inférieure, ainsi que

les bronches, que remplissait une mucosité purulente, étaient
légèrement phlogosées ; les deux poumons étaient adhérents,
dans toute leur étendue, à la plèvre costale ; l'un et l'autre présentaient, seulement à la partie supérieure, des tubercules dont
la plupart commençaient à suppurer ; on ne trouva rien autre
chose de remarquable.

OBSERVATION XLVII.

(Empruntée à l'ouvrage de Czermak.)
(Observation IV.)

La mère de la malade dont nous avons parlé (observ. XXV).
E. F..., âgée de 68 ans, native de Bajà, est aphone depuis
six ans. Elle attribue cet état à un refroidissement occasionné,
dit-elle, par une boisson froide. La malade dit n'avoir jamais
présenté de symptômes syphilitiques. Cependant, à l'examen fait
le 13 janvier 1859, j'ai trouvé une perforation suppurante à la
limite du palais et du voile du palais, de grandes pertes de substance au voile, surtout à droite, et des cicatrices nombreuses
dans le pharynx, d'origine évidemment syphilitique.

Le larynx a pu être facilement examiné à cause de l'insensibilité de la muqueuse du pharynx et à cause des pertes éprouvées
par le voile du palais ; il a présenté des dévastations fort remarquables, dues aux ulcérations laryngiennes, actuellement cicatrisées. L'épiglotte a disparu, et il n'en reste qu'un tronçon court,
irrégulièrement échancré, surtout à droite. La malade avale un
peu de travers. La corde vocale supérieure droite est considérablement épaissie ; sa surface est irrégulière, rugueuse. La sur
face de la corde vocale supérieure gauche est également rugueuse,
cicatrisée, et a éprouvé en outre une perte de substance profonde
à son bord interne. Il s'ensuit que, à gauche, on aperçoit une
grande partie de la corde vocale relativement normale, tandis
que, à droite, la corde vocale, profondément échancrée en arrière, est presque entièrement recouverte par la fausse corde vocale. Les autres parties de la muqueuse, surtout le ligament ary-
épiglottique droit, présentent des pertes nombreuses de substance
et des cicatrices. On comprend facilement que cet état du larynx
n'admet point la formation d'une glotte régulière, capable de

produire des sons. Lorsque la malade a l'intention de produire un son, les cordes vocales vraies et fausses se rapprochent, et l'air s'échappe avec sifflement.

OBSERVATION XLVIII.

(Gazette de Montpellier, 15 septembre 1845. Résumé.)

R..., Polonais, 37 ans, entre à l'hôpital le 3 mars 1845.

Tempérament scrofuleux ; il a eu la syphilis et n'a jamais suivi de traitement complet.

En 1838, après une longue course, engorgement du testicule droit, exostose au tibia, pas de traitement.

En 1843. Pleuro-pneumonie suivie de douleur dans le larynx, gêne de la respiration, raucité de la voix.

1845. Il entre à l'hôpital pour son engorgement testiculaire. La voix est éteinte, la toux fréquente et douloureuse.

Expectoration abondante, crachats muco-purulents.

Respiration bruyante.

On constate de la rougeur autour du voile du palais, du gonflement des amygdales, une ulcération assez étendue à la paroi postérieure du pharynx.

La déglutition est difficile et douloureuse.

Le malade est pâle, amaigri. On ne trouve rien du côté de la poitrine.

Le 19 mai. Expectoration d'un cartilage ossifié.

15 juillet. La voix était un peu améliorée, lorsque tout à coup le malade est pris de suffocation. La respiration devient courte et bruyante, le facies est rouge, vultueux ; orthopnée. Le malade est pris d'anxiété, de mouvements convulsifs. Le pouls est petit, faible, les extrémités sont froides.

19 août. Le malade succombe à une nouvelle attaque de dyspnée.

Autopsie. — Légère dénudation de la surface intérieure du cartilage tyroïde, peu étendue, siégeant à l'angle de réunion des deux plaques latérales. Sous l'insertion du ligament thyro-hyoïdien, elle est recouverte d'un peu de pus.

Rétrécissement de l'extrémité supérieure du tube aérien qui admet tout à plus l'extrémité d'une plume de corbeau.

La muqueuse trachéale est fortemen injectée.
Les poumons sont sains.

Cette observation, quoique mal détaillée au point de vue des lésions, est certainement un exemple remarquable de syphilis laryngée : deux points méritaient d'appeler notre attention, c'était d'abord l'expectoration d'un cartilage ossifié, fait que nous avions signalé dans le courant de notre travail, mais qui est rare toutefois, puis le rétrécissement considérable de l'extrémité inférieure du larynx qui avait été la cause des accès de suffocation constatés pendant la vie.

Nous remercions donc notre excellent ami, le D' L. Sicard, qui a bien voulu résumer cette observation, et nous la communiquer.

Bien que nous ayons un plus grand nombre d'observations, soit personnelles, soit recueillies dans divers ouvrages, nous croyons devoir nous borner à celles que nous publions, pensant qu'elles suffisent pour démontrer les faits que nous avons exposés dans ce travail

PLANCHES EXPLICATIVES.

PLANCHE I.

FIG. n° 1. — *Larynx normal ouvert.*
1 Epiglotte relevée. — 2. Replis thyro-aryténoïdiens (cordes vocales supérieures). — 3. Cartilages de Wrisberg. — 4. Cartilage de Santorini. — 5. Ventricule de Morgagni. — 6. Cordes vocales inférieures. — 7. Commissure antérieure des cordes vocales. — 8. Replis glosso-épiglottiques. — 9. Replis aryténo-épiglottiques. — 10. Anneaux de la trachée. — 11. Muqueuse interaryténoïdienne.

FIG. n° 2. — Erythème syphilitique se manifestant sur le bord libre des cordes vocales inférieures (observat. n° 17).

FIG. n° 3. — Phthisie laryngée, débutant par les cordes vocales inférieures qui sont rosées par plaques. Le reste du larynx est légèrement décoloré (observat. n° 13).

FIG. n° 4. — Condylomes syphilitiques, occupant l'épiglotte et le vestibule du larynx (observ. n° 3). (Empruntée aux planches inédites du D^r Ch. Fauvel.)

FIG. n° 5. — Tuberculose miliaire du larynx. Amas de granulations tuberculeuses confluentes sur les bandes ventriculaires ; la muqueuse aryténoïdienne tuméfiée est légèrement congestionnée (empruntée aux planches inédites du Dr Fauvel).

FIG. n° 6. — Phthisie laryngée ayant débuté par la région aryténoïdienne, qui est le siége d'une rougeur intense et très-vive (observat. 15).

FIG. n° 7. — Phthisie laryngée (2ᵉ période), ulcérations des cordes vocales inférieures qui sont dentelées. Œdème sous-glottique, et végétations papillaires siégeant sur la muqueuse aryténoïdienne du côté droit. Anémie générale du larynx (observat. n° 6).

FIG. n° 8. — Catarrhe aigu survenu chez la femme précédente (fig. n° 6) et ayant rétréci l'ouverture glottique au point de nécessiter la trachéotomie.

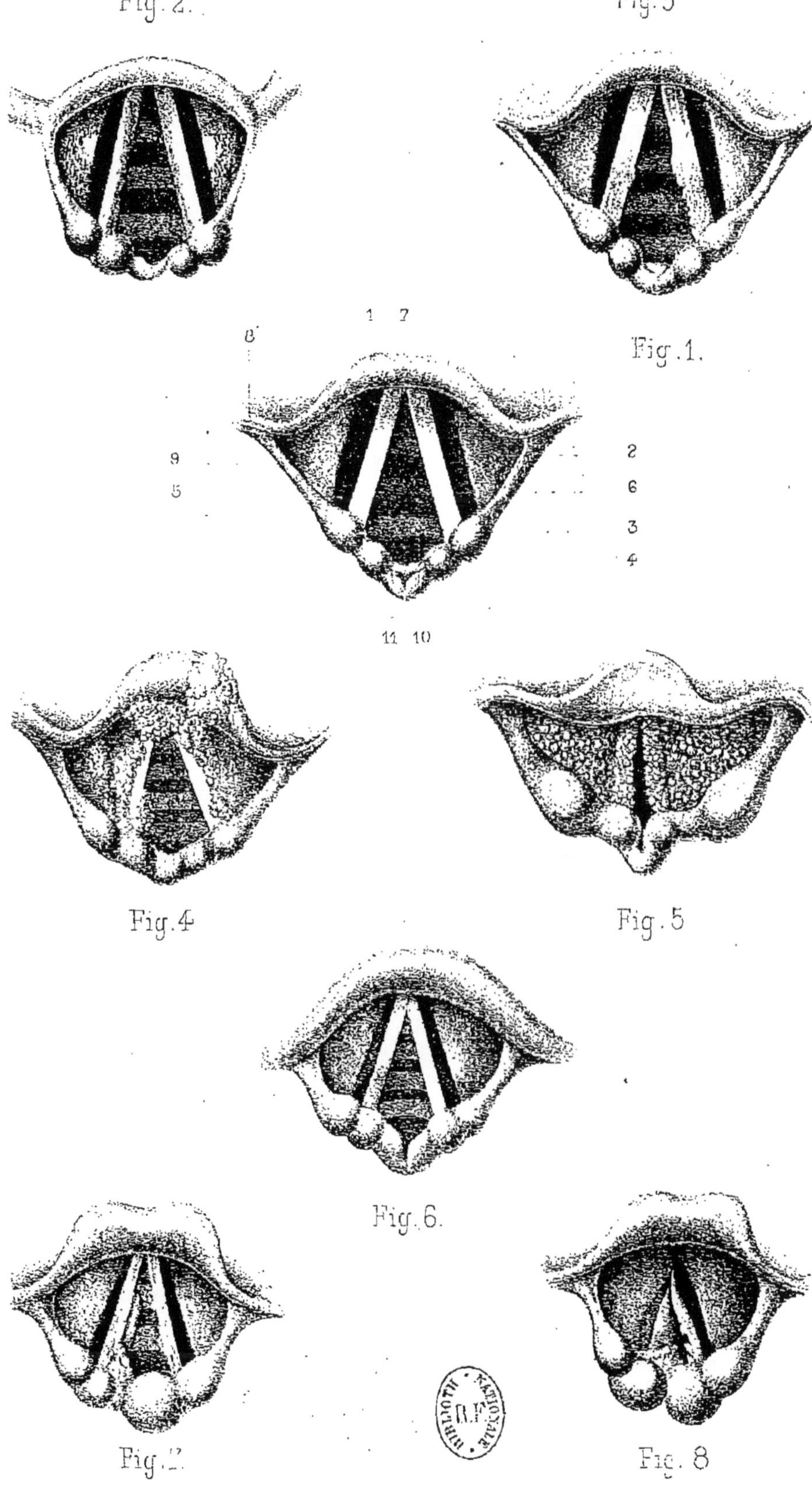

Fig. 2.
Fig. 3
Fig. 1.
8
1 7
9
5
2
6
3
4
11 10
Fig. 4
Fig. 5
Fig. 6.
Fig. 7.
Fig. 8

Fig. n° 1. — Phthisie laryngée. Ulcération des cordes vocales. Œdème de la corde vocale supérieure droite, faisant saillie dans l'intérieur du larynx. Luxation du cartilage aryténoïde droit (observat. n° 7).

Fig. n° 2. — Même larynx fermé. L'on voit le cartilage aryténoïde droit passer en avant du cartilage gauche.

Fig. n° 3. — Ulcération syphilitique serpigineuse, ayant envahi l'orifice supérieur du larynx, dont elle fait presque le tour en entier; elle remonte également vers l'amygdale gauche. Les cordes sont intactes ainsi que le reste du larynx (empruntée aux planches inédites du Dr Ch. Fauvel).

Fig. n° 4. — Phthisie laryngée avec ulcération de la face laryngée de l'épiglotte. Œdème mou de la muqueuse aryténoïdienne droite. Végétations papillaires sur la muqueuse interaryténoïdienne (observat. n° 9).

Fig. n° 5. — Ulcération phymique de l'épiglotte. Les cornes vocales inférieures sont gonflées, rouges et grisâtres en d'autres points. Gonflement et œdème mou de la muqueuse aryténoïdienne des deux côtés (observation 31).

Fig. n° 6. — Gomme syphilitique, occupant la corde vocale inférieure droite. (Empruntée aux planches inédites du Dr Ch. Fauvel.)

Fig. n° 7. — Epiglotte bourgeonnante chez un malade scrofuleux atteint de phthisie laryngée. A la partie postérieure on trouve de l'œdème (infiltration gélatineuse) de la muqueuse aryténoïdienne droite, des végétations papillaires. Les cordes vocales inférieures sont également déchiquetées (observat. n° 7).

Fig. n° 8. — Syphilis et phthisie laryngée. L'épiglotte a été détruite par une ulcération syphilitique. La partie postérieure du larynx offre les caractères bien nets de la phthisie laryngée. Œdème, ulcérations surtout marquées à droite (observat. n° 5).

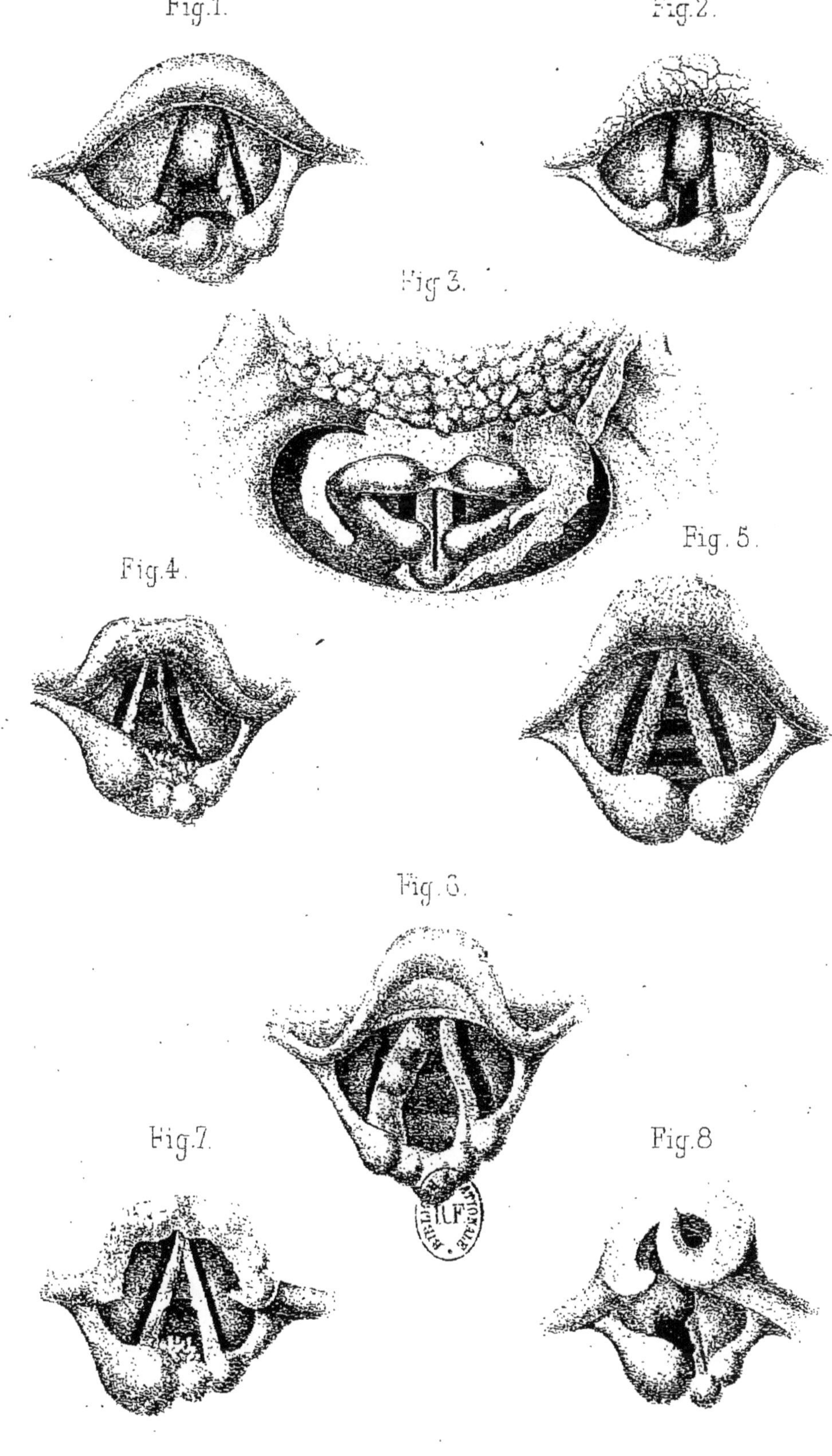

Fig.1.

Fig.2.

Fig.3.

Fig.4.

Fig.5.

Fig.6.

Fig.7.

Fig.8

INDEX BIBLIOGRAPHIQUE.

Phthisie laryngée.

MORGAGNI. Epist. 13 et 15, 1764.—

LAIGNELET. — Recherch. sur la pht. laryng. Th Paris, 1806.

SAUVÉE. — De la pht. laryng. Th. Paris, 1806.

DOUBLE. — Mém. sur la pht. laryng. trachéale. Paris, 1806.

CHEYNE. — The path. of the membr. of larynx and trachea. Edimb.,
    1809.

PAPILLON. — Du larynx et de la pht. laryng. Th. Paris, 1812.

LÉPINE. — De la pht. laryng. Th Paris, 1816.

PRAVAZ. — De la pht. laryngée. Th. Paris, 1824.

LOUIS. — Recherch. anat. pathol. sur la pht. Paris, 1825-1843.

BORSIERI. — Instit. medic. pratic. Berolini, 1826.

BENNATI. — Recherches sur les mal. qui affectent les organes de la
    voix humaine. Paris, 1832.

MARTIN-SOLON. — Gazette médic. de Paris, 1834 (p. 117).

CRUVEILHIER. — Dict. de médec. et de chir. prat. Paris, 1834.

COLOMBAT. — Traité des mal. des organes de la voix. Paris, 1834.

TROUSSEAU et BELLOC. — Mém. sur la pht. laryng. Paris, 1837.

RYLAND. — A treat. of the desease and injuries of the lar. and trach.
    London, 1837.

BARTH. — Mém. sur les ulc. des voies aériennes. Paris, 1839 (Ar ch
    gén. de méd.).

ANDRAL. — Cliniques médic. Paris, 1840.

DUPAS. — Diagnostic des mal. du larynx. Th. Paris, 1840.

PIORRY. — Maladies des voies aériennes. Paris, 1843.

NEUMANN. — Ueb die chron. ulcer. laryng., etc. (Journ. fur Kinder-
    krankh., 1847).

SOUHANEK. — In Pag. Viert., 1849.

HASTINGS. — Deseases of the larynx and trach. Lond., 1850.

SCOTT. — On laryng. deseases (Month. Journ. of med. Sci., 1850).

ROKITANSKY. — Traité d'anat. path. Vienne, 1854.

FLINT. — Phys. explor. and diagn. of deseases affect. the respirat. organ. Philadelphie, 1856.

LEBERT. — Traité d'anat. path. Paris, 1857.

HATING. — Etude sur les mal. du larynx (Revue méd., 1858).

KORRASSANDJEAN. — Diagnostic raisonné des affect. du larynx. Th. Paris, 1859.

VAN-BUREN. — New-York med. Times (juillet, 1860).

CZERMAK. — Traité du laryngoscope. Paris, 1860.

MANDL. — Gaz. des hôpit., 1861-1862.

RUHLE. — Die kehkopfskr. Berlin, 1861.

TURCK. — Recherches sur les mal. du larynx. Paris, 1862.

BRIDSON. — Archiv. génér. de méd., 1862 (p. 327).

WAGNER. — Arch. gén. de méd., 1863 (t. II).

FOREST. — De la laryng. ulcéreuse. Th. Paris, 1863.

SEVERING. — Pratic. remarks on the lar. deseases. London, 1863.

GIBB. — On deseases of the throat and wind. as reflect. by laryngosc (2e édit.). Lond., 1864.

FÖRSTER. — Handb. der Path. anat., 1865.

EMPIS. — De la granulie. Paris, 1865.

TOBOLD. — Die chron. keblk. Berlin, 1866.

HÉRARD et CORNIL. — De la pht. pulm. Paris, 1867.

CARPENTER. — Presse méd., 1867. — Bull. Acad. méd., 1868, t. XXXIII, p. 1103.

KRISHABER et PETER. — Dictionnaire encycl. des sciences méd. (art. laryng.). Paris, 1868.

MORELL-MACKENSIE. — De la raucité et de la perte de la voix. Londres, 1868.

CORNIL et RANVIER. — Traité d'hist. norm. et path. Paris, 1859.

NORTON. — Affect. of the throat and larynx (Brit. med. Journ., 1870). — Ulcer. of the larynx simulat. of the pht. (Brit. med. Journ., 1870.

TROUSSEAU. — Cliniques (8e édit.). Paris, 1870.

OULMONT. — Gaz. des hôpit., août 1870.

ISAMBERT. — Comptes-rendus de la Soc. de méd. des hôpit. de Paris, 1872.

KRISHABER. — Bull. de la Soc. de chirurgie, 1872.

MANDL. — Traité prat. des mal. du larynx. Paris, 1872.

JACCOUD. — Traité de path. int. (3e édit.). Paris, 1873.

JACKSON. — Brit. med. Journ., Janvier 1873.

BERGEAUD. — Th. de Paris, 1873.

NIEMEYER. — Traité path. int. (8e édit.). Paris, 1873.

ISAMBERT. — Ann. mal. de l'oreille et du larynx, 1875-1876, et Progrès méd., 22 mai 1875.

Bucquoy. — Gaz. des hôpit., 20, 29 avril 1875.

Hayem. — Revue des sciences méd. 1873-74-75-76-77-78-79.

James Sawyer. — The Lancet, janvier 1875.

Fauvel. — Traité des mal. du larynx (1er vol.). Paris, 1876.

Beverley-Robinson. — Americ. Journ., juillet 1876.

Klemm. — Arch. der Heilk, t. XVII, p. 331, ueb. stunband'lahmung bei pht. lar.

G. Leffert. — Annales des mal. de l'oreille et du larynx, 1878.

Fauvel. — Gazette des hôpitaux, mars 1878.

Bordenave. — Thèse de Paris, 1878.

Lenox-Browne. — The throat and its diseases, 1878.

Pelan. — Thèse de Paris, 1878.

Frankel. — Arch. für Path. anat. und phys., 1878, t. I, p. 261.

O. Heinge. — Recherches faites à l'Instit. path. de Leipsick sur la pht. lar., 1878.

Fernet. — Journal de méd. et chirurg. prat., 1879.

Paul Koch (de Luxembourg). — Ann. des mal. de l'oreille et du larynx, mai 1879.

Syphilis laryngée.

Morgagni. — Epist. 22 et 44, 1764.

Hawkins. — The London physic. Journ., 1825.

Porter. — Observ. on the surgic. path. of the larynx and trachea. Edimburgh, 1826.

Dardare. — De la syphilis laryngée. Thèse de Paris, 1827.

Boé. — Thèse de Paris, 1829.

Asselin. — Thèse de Paris, 1830.

Welté. — Thèse de Paris, 1830.

Carmichael. — Précis théor. et prat. sur les mal. vénér. Paris et Lyon, 1840.

Gubler. — Bulletin Société anat., 1840, t. XVIII.

Cazenave. — Traité des syphilides, 1843.

Martellière. — Angine syphil. Thèse Paris, 1854.

Michaelis. — Wochenb. d. k. k. Gessels. der Aeryte in Wien, 1855.

Briquet et Labbé. — Bulletin de la Société anat., 1857.

Lebert. — Anat. path. génér. et spéc., 1857.

Verneuil. — Gaz. des hôp., 1859, et Union médic. 1859.

Huguier. — Gaz. des hôp., 1859.

Virchow. — Traité de la syphil. constit. (traduit par Picard, Paris, 1860).

Melchior-Robert. — Nouveau traité des mal. vénér. Paris, 1861.

GERHARDT et ROTH. — Virchow's Archiv, 1861.

DANCE. — Erupt. de la syph. dans le lar. Thèse Paris, 1864.

LANCEREAUX. — Traité histor. et prat. de la syphilis. Paris, 1866.

GUINIER. — Végét. épith. et syph. du larynx. (Bull. Acad. méd. 1865, p. 587 et 1866, p. 489.,

GERHARDT, — Arch. f. Klin. med., 1867.

ROLLET. — Dict. encycl. sc. méd., 1868 (art. Lar. syph.).

TRÉLAT. — Gaz. hebdomad., 1869.

MORGAN. — Syph. affect. of the lar. Med. Press. and Circ., 1869.

MASSEÏ. — Statistic. de l'inferni di malat. di gola. Napoli, 1872.

FERRAS. — De la syph. lar. Thèse Paris, 1872.

MANDL. — Traité des maladies du larynx. Paris, 1872.

JACCOUD. — Traité de pathologie interne (3e édit.). Paris, 1873.

A. FOURNIER. — Leçons sur la syphilis. Paris, 1873.

NORTON. — Brit. med. Journ., mai 1874.

ISAMBERT. — Progrès médical, 22 mai 1875.

POYET. — Ann. de derm. et de syph.,1875.

KRISHABER et MAURIAC. — Ann. mal. d'oreille et du larynx, 1875-76-77-78-79.

MASSON. — Thèse de Paris, 1875.

ISAMBERT. — Ann. mal. de l'or. et du lar., 1875.

MARTEL. — De la syphilis laryngée. Thèse de Paris, 1877.

DOLERIS. — Arch. de phys., 1877.

POYET. — Thèse de Paris 1877. Des paralysies du larynx.

SIMYAN. — De la syphilis laryngée tertiaire. Th. Paris, 1877.

KRISHABER. — Gaz. hebd. 1878 (nos 45, 46, 47).

MASSEÏ. — Comptes-rendus du Congrès méd. de Pise (sept. 1878).

FAUVEL. — Travail inédit.

LENOX-BROWNE. — The throat andits deseases. London, 1878.

TABLE DES MATIÈRES

Paris. — A. PARENT, imprimeur de la Faculté de Médecine, rue M.-le-Prince, 29-31.

Paris. — Typ. A. PARENT, imp. de la Faculté de médecine rue M.-le-Prince. 29-31.